中亞手繪旅行

（烏茲別克‧吉爾吉斯）

圖‧文：張佩瑜　　　　　Life & Leisure‧優遊

誰幫我寫序？

自己寫.

從中亞回來半年了，手機裡的待機畫面常常讓我想起那段時間的旅行，那裡明明是亞洲的心臟，卻總是讓我誤以為自己來到世界的邊緣，一個人的旅行，大部分的時間，我都在發呆，塗塗寫寫，浸在一個人說故事的時空裡，那些圖片背後，帶著淡淡的孤獨，然而，我知道，就算是跌入空無一人的黑洞裡，我依然可以面對自己，平靜地喝茶、吃飯、畫畫，享受孤獨。

整理稿子的這段時間裡，我用從中亞帶回來的茶葉給自己泡了茶，翻著日記原稿，像是在進行另一場旅行，我常聽某些報導說某人一趟旅行扭轉了自己的人生，怎麼我都沒有感覺到？（難道我真的比較笨嗎？）我總要等到很久很久，才會發現細小的改變……，中亞帶回來的茶葉快要用完了，這本書的整理工作，也接近完成，就像當初的旅行接近尾聲一樣，我總是期待著要回歸日常生活，旅行就像生活，而生活也是旅行，這些，都是過程。

一向低調的Fish
不想曝光，
假裝看報紙遮住
了臉！

Fish寫的序，
文筆真好！
應該是她出
書才對！☺

感動
落淚

如果旅行最終是到達了遠方，那麼到達遠方到底是去做什麼呢？

2007年的夏天，和 Peiyu 一起去了中亞的烏茲別克和吉爾吉斯旅行。在吉爾吉斯的山區，每天一班往山裡去的小黃公車運載著山上的物資，馬鈴薯布袋，空了的馬奶酒罐，兩隻動物市集裡換來的小羊，我們坐在車裡看到一望無際的草原盡頭出現一道彩虹，車裡喧囂依舊，我聽不懂他們興高采烈地議論些什麼，但能從空氣裡聞到一天結束的神情。空氣裡起著小黃公車的氣味，無論如何都要擠上車的人擠出一個小小位子的步驟永遠不曾被省略，也不會錯亂而起爭執。年紀最小的孩子得讓位給老人、女人和小小孩、大人。直到空氣漸漸冷凝，到達終點站，公車司機帶著山下 information office 服務人員幫我們寫的俄文小紙條遞給了山上一戶人家，那一夜我們住在河邊的羊皮帳篷，感覺連星光都是接近天際的。

有時會想，到達這麼遠的地方，為的是什麼呢？我想，不只是那一道彩虹、顛簸的路途、鮮鮮河水，觀見照的不只是自己的樣貌，而是那些遙遠他方的細節，我們未曾知曉的他人。

Peiyu 2008 年的夏天再度出發前往中亞，2007年的美好情份繼續延續之外，我想，她帶回來給我們的，不只是觀景窗可以獵得的風光美景、畫筆可暈染的發光山巒，也許會是另一種視力，另一雙眼睛，可以傳譯這個世界某些共同語言的視窗。

旅行的生活細節，也許是傳譯的某個切入點，跟著一個切入點發射到遠方，會到達天際的哪一方呢？基於對旅伴 Peiyu 的深深瞭解，她常把她的理解以慧黠幽默的暗語來拚寫密碼，如果你(妳)好奇的話，千萬別錯過任何細微的細節！

Fish in Hualien Feb. 16. 2009

旅行

- 旅行時間：2008年7月及8月，共57天
- 旅行地點：烏茲別克、吉爾吉斯
- 費用：總共約十萬元（扣除機票、簽證邀請
  函、簽證、保險費、用書及紀念品後，在
  當地的食衣住行育樂花費約四萬元）
- 當時匯率：1000 UZS（烏茲別克Som）÷ 24 台幣
  1 KGS（吉爾吉斯Som）÷ 0.85 台幣
- 旅行路線：Tashkent（塔什干）→ Bukhara（布哈拉）→ Khiva
  （希瓦）→ Nukus（努庫斯）→ Moynaq（木伊那克）
  → Samarkand（撒馬爾罕）→ Boysun（波依遜）→
  Tashkent（塔什干）→ Margilan（馬爾吉蘭）→
  Fergana（費爾干納）→ Rishdon（瑞土塲頓）→
  Ak-terek（阿克特瑞克）→ Osh（歐許）→

IV

合薩克斯坦

吉爾吉斯

Bishkek 比斯玉凱克　Lake Issyk-Kul　伊塞克湖

kochkor庫奇科爾

Lake sary- chelek　冠強庫 kojomkul　song-köl 頌三湖

Arkit 阿凱特

Tashkent 塔什干

阿克,樺瑞克 Ak-terek　Andijan 安集延

MargHan 馬爾吉蘭　Osh 歐許許

Rishtan 瑞塸頓　Fergana 費爾干納

CHINA 中國

Arkit(阿凱特)→ Kojomkul (冠強庫)→ kochkor
(庫奇科爾)→ Song-köl(頌湖)→ Bishkek (比斯凱克)

● 旅遊書：Lonely Planet 出版的 Central Asia，
　　　　 Odyssey出版的 Uzbekistan 及 Kyrgyz
　　　　 Republic

簽證：我持邀請函在 塔什干機場辦落地簽，再到
　　　塔什干的吉爾吉斯大使館申請吉爾吉斯簽證.

語言：當地通行烏茲別克語,吉爾吉斯語、俄語(英
　　　語僅在遊客較多的觀光景點6可通)

電壓與插座：220V ，⊙ 小豬看鼻子(歐規双圓孔)插座

用錢：美金兌換方便(但面額低於100之小額美鈔及舊
　　　美鈔不被接受,他們通常只收大張,新美金鈔票)

Ⅴ

我帶了一些小東西

1°

同事送的藍色輕薄保暖大披肩，
在飛機上、公車上可當薄毯蓋著睡覺；
天氣突然轉涼時可披著禦寒；繫
在腰間可當長裙；也可鋪著當野餐墊……，好處多多！

2° （勃肯休閒鞋）
 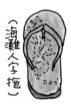 
（海灘人字拖）

這次，我沒有穿涼
鞋，而是穿了包鞋，
因為中亞的路，很
多都崎嶇不平，穿
涼鞋很容易會踢到東西（最可怕的是碎掉的酒瓶！），
受傷流血可不好玩；另外，我還帶了海灘人字拖鞋，去
玩水、洗澡，或者在室內走動都很方便！

3° （正面）（反面）

『背包客棧』網站送的吊牌，背面是
亞洲太平洋地區的地圖，可拿出來指出
台灣（上面還同時標了 Thailand 泰國，要
糾正那些搞不清 Taiwan 和 Thailand

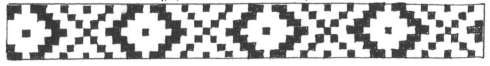

的人的時候，特別有用！

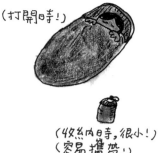
(打開時！)

4° 我帶3睡袋套（不是睡袋，烏茲別克很熱，用睡袋會中暑！），每次坐夜舖火車時，把自己連同貴重物品一起裝進睡袋套，比較安全！（和別人共用一個房間時也是如此，睡袋套是單獨旅行時的必備單品）；有時住進不乾淨的旅館，使用睡袋套，也可避免皮膚碰觸床單。

(收納時，很小！)
(容易攜帶！)

5° 妙妙三用包，看起來容量不大，但其實很大，可裝進我的日記本、彩色筆、筆袋、旅遊書、水壺、

腰包

臀包

斜背包

翻譯機等....；在人潮洶擠的市場時，我把它挪到前面當腰包（防扒手）；爬山時，挪到後面當臀包（比較輕鬆）；在路上閒逛時，可以斜背，因為真的很好用，所以回台灣後，我又買1個，送給Fish。

6° (膠帶) 中亞很多東西是壞的，帶一捆膠帶可以修理很多東西；這裡的塑膠袋很薄，很容易破，帶一個屈臣氏大購袋超好用，（洗澡時可裝衣服！我還曾用膠帶加上購物袋把窗戶封住，防春光外洩！

(屈臣氏大購物袋)

6月30日 (一) 念頭與出發

唯一的旅伴：杯杯熊

去年的中亞之行不太順利，甚至有幾次飽受驚嚇的經驗，我翻了翻去年的日記，零亂的字跡中甚至還寫著：「……我一定是頭殼壞掉了，才來這個鬼地方……」，回來之後，有好幾次，我卻在某一瞬間，會回想起中亞的一切，那

你真的決定要一個人去中亞？

出發前兩小時，瘋狂打包，快來不及了！

遭了阿！不就 啊別？女米#

何不帶我去？

帶你去？不如帶史小比去！

史小比太大隻了！

些氣味、聲音，熟悉得像是昨日才發生，也許是在喝著從中亞帶回的綠茶的時刻，也許是看到某一張照片的時刻……，一直到某一天，我在花蓮的舊書鋪子，買到了一本有關中亞的民間故事，60元的低廉價格卻讓我在回台北的火車上放逐了天馬行空的想像力，在闔上書本的剎那，我的心裡有個聲音：「今年夏天，再回中亞吧！把去年沒走完的行程走完……」，沒想到，我竟然又再度頭殼壞掉，再重回這個鬼地方，台灣這個快節奏的島嶼，資訊泛濫得讓腦袋很久沒有清醒了，我老覺得我的想像力被手機、被電腦、被行事曆綁架了，我需要去一個什麼都沒有，只有自然、土地與人的地方換換腦袋。

也對！

帶我去吧！我願意離開我住的杯子！
coffee tea or me

好囉！
一起去囉！

3

決定今年再走一趟中亞之後，我寫了電子郵件
給去年認識的烏茲別克朋友 Babur，我說：『
……，我也許今年夏天會再到烏茲別克……』，
Babur 很快地回信給我，他意味深長地寫著
：『Peiyu，做任何事情，不要說 maybe，而要說
I will……』，他年紀雖輕，說的話卻蘊含
哲理，用 "maybe" 給自己留退路，只會顯得動
機不足、決心不夠，做事情本來就該抱持著
『廢話少說，去做就對了！』的心態，衝著他說
的話，我正式啟動第二次中亞之行。
而這一切的一切，必須從麻煩的簽證手續開
始，想起去年的一場惡夢，這次可得小心一點！

去年，因為我英文破，和旅行社沒溝通清楚，他
們作業有疏失，加上我自己粗心得疏忽了簽證
日期的檢查，讓我在烏茲別克、吉爾吉斯兩國

4

邊境被當成國際人球般踢來踢去，烏茲別克海關說我的烏茲別克簽證過期，拒絕讓我入境，而我的吉爾吉斯單次簽證在入境出境之後，不能再使用了！

隨便用原子筆寫一些字，竟然就算註銷我的出境紀錄了！驚！

還好吉爾吉斯海關警察看我可憐，註銷我的出境記錄，讓我重新入境吉爾吉斯，要我進入中國或是到吉國首都想辦法

(一臉慘相)

Be happy!

弄新簽證，去年的旅行一波三折，讓我見識了中亞的不確定性，但我一直深深記得那海關警察送我再次入境時，特地塞了蘋果給我，告訴我：" Be happy ！"（感謝他心）

5

有了去年的前車之鑑，今年我申請任何證明文件時格外小心。

唉！辦簽證好麻煩啊！到底多麻煩呢？

UZ LOI 40天拿—— KYR LOI 30天拿——
寫英文信…頭大！

首先，必須透過當地旅行社協助，才能申請到 LOI（Letter of Invitation，簽證邀請函），(沒搞錯吧！我要去那裡當觀光客撒錢，竟然還要被當地人邀請才能去！)。雖然去年 Stantours 旅行社給我出包，且收費也不便宜，但我沒時間再找其他家，於是決定再給他們一次機會！（我真大膽！）

stantours 網站：www.stantours.com

護照影本
航班訂位記錄
在職證明書英文版
匯款收據
文件急
填妥的申請表格

雖然我很急，但對方應該一點都不急，

烏茲別克的簽證邀請函要等 2~3 星期才到手，吉爾吉斯邀請函則要等 3~4 星期，在出發前夕，我有驚無險地收到了！（做事愛拖拖拉拉......）

拿到邀請函，算是成功了一半，接下來可以把護照及邀請函寄往鄰近國家（ex：日本.泰國）辦理簽證，證件往返十分耗時，但我沒時間了，我選擇在烏茲別克首都塔什干下機時，當場辦落地簽證，在桃園機場及曼谷機場時，地勤說沒簽證不能上機，我都是出示邀請函，才能順利登機。

7

7月1日 (二) 穿越千山萬水，順利抵達

cold! cold! cold!

in Bangkok airport

去年

我覺得自己身在北極，而不是曼谷。

smart!

自備無敵藍色大披肩

今年

其實烏茲別克只不過是在新疆再向西邊一點點，但是我怎麼覺得我好像是要去世界的邊緣？在曼谷機場等了一夜才能轉機，機場裡面的椅子是不是故意不想讓人坐啊？

Hello～
我坐在靠窗的位置！

UZBEKISTAN

8

鐵製的椅子在超低溫空調下簡直冰到骨頭裡了,還好聰明的我拿出無敵大披肩墊著,溫暖到天明!

烏茲別克好像不是很有名,桃園機場的地勤還問我這個國家在哪裡?基於去年行李條被打錯的經驗,(行李差點送到非洲!)我今年格外

小心!

Royal Dutch Airlines

M   **38C**

ECONOMY CLASS
CHANG/PEIYU

KL 0878 30JUN08
FROM: TAIPEI/TPE
TO: BANGKOK/BKK

DEPARTURE TIME: **19.30**

SECURITY NO: **205**

KLM8690-01.07

ПОСАДОЧНЫЙ ТАЛОН /BOARDING PASS

O'ZBEKISTON
havo yo'llari

NAME OF PASSENGER / ФАМИЛИЯ ПАССАЖИРА
CHANG.PEIYUMS
BANGKOK   / BKK
FROM /OT
TASHKENT   / TAS
TO /ДО
UZBEKISTON AIRWAYS

FLIGHT NO/№ РЕЙСА   CLASS /DATE КЛАСС /ДАТА   TIME ВРЕМЯ
Y 532   Y   01JUL 21

GATE ВЫХОД   BOARD TIME ВРЕМЯ ПОСАДКИ   SEAT МЕСТО   SMOKE КУРЯЩИЕ
0810   18A

PCS/МЕСТ   WT/ВЕС

TRANSIT

TAIPEI → BANGKOK (台北→曼谷)   BANKOK → TASHKENT (曼谷→塔什干)

9

在塔什干,順利通過機場人員查驗,我拿到了我的落地簽證,並領到了行李,不過,我發現行李的鎖因外力而破壞了,不知道原因是什麼,不過接下來單獨旅行的時間裡,行李無法上鎖,的確是有點傷腦筋;

去年在 Namangan 附近的 Chartak 小鄉下認識的 Adham 到機場來接我,他今年從 Namangam 轉學到塔什干的大學念書,現在正值

It was broken!

拜託,你這隻笨熊不要被小偷一併帶走,就要偷笑了

你不在時,我可以幫忙顧行李!

放暑假時間,他留下來多待一個星期,之後要回鄉下過暑假,並邀請我去他鄉下的家做客。

give you.

Lu-Li

怕..怕..怕

Adham 是虔誠的穆斯林,謙和有禮,而且熱心助人,去年我們在 Namangan 街頭落難時幫了我們很大的忙;就連今天在街上,幾個乞丐見到我們蜂擁而上,我嚇得直覺是立刻用手護住自己的包包,而

經濟並不寬裕的 Adham 卻從口袋裡掏出零錢分給
她們......，Adham 向我解釋說他們把這一類人稱
做 Lu-Li，Lu是男人的名字,是兄弟,而 Li 是女人的名字,
是姊妹,在家庭觀念中,兄弟和姊妹是不可以結婚
的,所以他們被懲罰流浪天涯,成為無家可歸的人,
我直覺地想到吉普賽人,我問 Adham 這是指 Gypsy 嗎
? Adham 說對! 從我開始旅行到現在,從歐洲到
亞洲,都可以見到吉普賽人的影子,這群人已經被污

名化了,總和偷竊,乞討劃上等號,
也因此,旅遊書總是提醒大家要
小心吉普賽人!

▲這張CD是贈品

在 Kosmonavtlar 地鐵站附近的公
園裡有很多賣書的攤子,旁边有一些
CD店,我去買了著名歌
手 Sherali Jorayev 的
五張 CD,是杜博士託
我買的,任務達成,覺
得很開心。

①②③④⑤五張專輯共21美元 (不過是盜版,成本應更低吧!)

11

7月2日(三). 一事無成的一天

在這裡的生活,是從一壺茶開始的,這裡的人喝的
是綠茶,不管到了何地,茶壺和茶碗的花色幾乎是
一模一樣,堪稱國民茶具,也許應該買一套回
台灣,在台灣喝綠茶時,
如果有這樣一套烏茲別克風
味的茶具,應該會很容易讓
人想起有關烏茲別克的一切
吧!這裡的人喝茶有
種特別的習慣,茶送
上來時。先將茶水倒
入杯中。再把杯中的
茶又倒入壺中,這樣
的動作反覆三次,至
於為什麼這樣做?我也不知道,連當地人也說不出個
所以然,只能說,這是傳統……,傳統很難說為什麼!

茶碗
piola

1. 拿到茶壺時,
先別急著倒來喝

2. 先把茶倒滿茶
杯。

3. 再把茶杯裡的茶,倒
回茶壺裡,2、3. 的動
作如此反覆三次。

有關食物相關的詞語介紹：

 kosa 喝湯用的大碗

shorva 湯

 vilka 叉子

 pichoq 刀子

 koshiq 湯匙

 Non 饢（麥麵包）

maza 好吃

 plov 抓飯

茶壺

chaynik（俄羅斯）

choynek（烏茲別克）

 laghman 麵

 shashlyk 烤肉
或 kabob

 tovuk 雞

 manty 羊肉蒸餃

 chuchvara 小餃子湯

 shorpa 羊肉馬鈴薯清湯

如果主人替客人把菜倒滿，表示要送客了。

piva 啤酒

端茶給別人時，用右手拿著茶碗，而左手掌心向著胸口，這個動作是表示由衷的尊重的心意，同時，主人會說：Marhamat（請！），客人用右手接過茶碗，左手掌心貼胸口說聲：rahmat（謝謝謝！）

 half

倒菜給客人時，通常只倒一半，客人喝完了，主人再添，如此可以確保客人永遠可以喝到熱茶！

13

beer
↗ (700 som)

我想,那些向來喜歡"做事有效率",而且喜歡"訂定滴水不漏的旅行計畫"的人,如果看到我如此一事無成地奢侈揮霍旅行時間,應該會想把我捏死吧!

沒錯,今天早上起床後,我慢吞吞地賴床、整理東西、洗澡.然後吃很慢的早餐,再很慢很慢地搭地鐵移動到 Khamid Olimjon 站,去吉爾吉斯大使館辦我的吉爾吉斯簽證。

現在,我正坐在 Hotel Uzbekistan 旁的一間自助餐廳寫這本日記,從大片的落地窗望出去是有著蓊鬱樹林及帖木兒雕像的 Amir Timur maydoni,一個可以散步的漂亮公園,這是我滿喜歡的一個地方,可以自己亂點東西吃,也可以確保自己不受路人打擾,並且愛坐多久都可以,去年待在塔什干的日子,我很喜歡來這裡發呆。

14

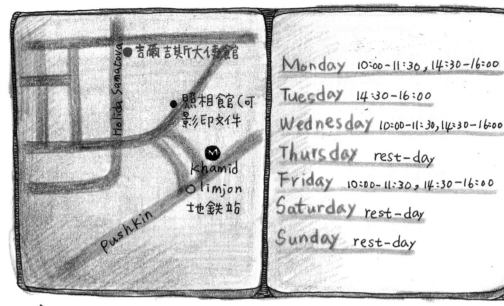

今天最重要，也是唯一要做的事情就是『辦吉爾
吉斯簽證，我以為和去年一樣，只要備妥文件、乖
乖來排隊，就可以拿到簽證，但是今天我排了
七個小時，連門都沒有摸到！據說是換了一個
新職員，動作比驢子還慢，一天最多只能辦10
件左右，我自以為識途老馬，毫無危機意識。
還悠哉地和旁人打屁、畫畫，結果一事無成，其他
背包客建議我週五早上六點就要來守在門口，
而且不可悠哉，要假
裝 strong，要死
命地 push....
push...，才有
希望。

記住，要早點來，且要積
極強勢，不要在旁邊畫畫!

15

7月3日（四）　氣質的一天
Gulnara Guesthouse

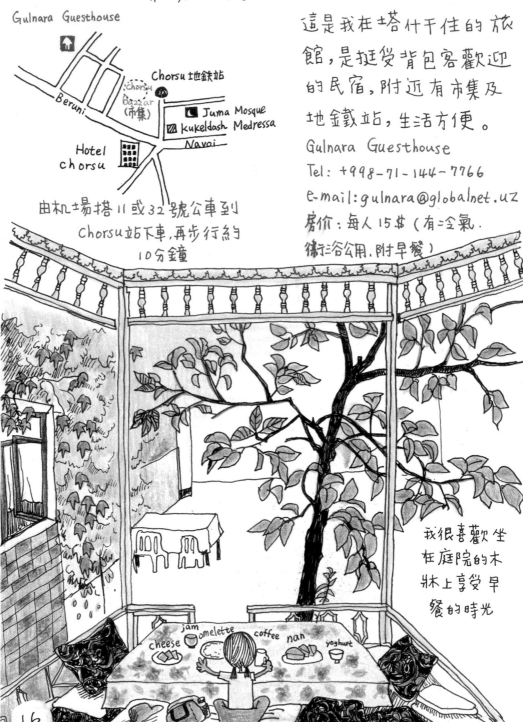

這是我在塔什干住的旅館，是挺受背包客歡迎的民宿，附近有市集及地鐵站，生活方便。
Gulnara Guesthouse
Tel：+998-71-144-7766
e-mail：gulnara@globalnet.uz
房价：每人15$（有冷氣，衛浴公用，附早餐）

由机場搭11或32號公車到
Chorsu站下車，再步行約
10分鐘

我很喜歡坐在庭院的木牀上享受早餐的時光

16

也許是因為假期才剛開始的關係，暑假的背包潮並沒有在這間民宿湧現，以往這裡總是住滿了人，一位難求，吃早餐的時候，大家喜歡擠到庭院中的木桌上用餐、交換旅遊新資訊，而現在則由我一人獨占那張木桌。

這是一個用常理無法解釋的國家，有很多奇怪的規定，例如：要求旅客必須做 <u>住宿登記</u>，也就是 <u>registration</u>，如果你投宿一般旅館，則旅館會自動幫你做 registration，旅館會給你一張小紙片做證明，被警察盤查時可以拿出來，但如果你去民宅做客，則必須到當地的 Office of Visas & Registration 做登記，但手續很麻煩，所以遇此情況通常是偷偷請下一間旅館幫你偷偷開證明，真的會有警察查這個嗎？我去年沒碰過，但我朋友在機場出境時被要求看所有的 registration。

PRIVATE HOTEL
"GULNARA BB"
REGISTRATION № 395
Name Pei Xu Chang
Passport № ●●●●●●●●●
Check in 01. 07. 2008
Check out 07. 07. 2008
Signature

"This city is boring." 這句話幾乎是我所遇見的每個背包客對這個城市的評價, 從去年在這兒的旅行, 以及這幾天的外國背包客口中, 我一直聽到這樣的抱怨, 去年我在這個城市住了九天, 而今年我打算待個五、六天, 其他人都超佩服我, 竟可忍受這個毫無特色的國際都市!

Зияханов Хуршид
Оидавий сайр. 2005. M, M
(★☺有畢卡索立體派的風格)

Зияханов Хуршид
Далматин билан сайр. 2005. M, M
(★☺也是立體派風格)

(這間芸廊不但高級. 有冷氣. 廁所棒, 票價也低)

O'zbekiston Respublikasi Tashqi Iqtisodiy Faoliyat Milliy Banki

O'zbekiston Tasviriy San'at Galereyasi

Toshkent sh., Buyuk Turon Koch.-2, tel. 133-56-74

№ 046841 ☀ Seriya O'TSG

Narhi: 500 so'm ≒ 12 N.T (台幣)

Chipta qaytib olinmaydi va puli qaytarilmaydi

""O'zbekiston" NMIU P-2041-200x.

老實說，我沒有覺得它很無聊，反而有很多事情，我覺得很好奇，很想去看看……，比如說，今天去的一間藝廊 Uzbekistan art gallery，這間在

旅遊書上沒有標，但去年我路過時，它正在展出有關城市印象的攝影作品，我那時也才發現這間藝廊展覽的東西是那種現代性比較強的，（不像 Fine arts Museum of Uzbekistan 主要展出早期作品，風格承接俄羅斯畫派，寫實能力強，沉鬱厚重，看久會頭暈！），

Зияханов Хуршид   узбеклар. 2007. м, м

（其實是彩色的，但我沒力氣上色了！）

我一直很想知道這個資訊不太發達的國家的現代畫家在搞什麼鬼？所以今天專程去看！

雖然，很明顯地可以發現，藝廊中展出的畫是模仿某些已出名畫家的風格，在這裡，可以看到中亞畢卡索、中亞夏卡爾、中亞米羅……等，不過，幾乎大部分的畫家都把濃濃

的民族元素融入作品，我覺得烏茲別克人應該
是很會說故事的民族，因為他們的作品不但多彩
而且有很多傳奇故事，很天方夜譚的感覺（呵呵～
天方夜譚的故事背景，就是發生在烏茲別克的著名古城
布哈拉），另外，有些畫帶有濃濃波斯風情，證明了
古代絲路將波斯形式的裝飾風格影響這片土地。
不過，我當然也看到了很俄羅斯畫派的畫法，用的是
陳腔濫調，連主題都差不多，沒有個人的想法和風格，
有些則很明顯是模仿法國印象派畫家的風景畫，很奇
怪地，他們在顏料中加進很多白色，底好像也沒打好，
整張畫很浮，有點俗氣；不過，我還是有看到喜歡的
畫，畫風有點像西班牙畫家 Antonnia Lopez 那種魔幻
寫實的味道，塊面銜接得很細緻。
（講得好像自己很厲害的樣子，哈哈哈！）

竟然有鳥停在⋯⋯
帖木兒頭上大便

看完畫展後，我散步在都市
的森林公園之中，走回那個
有 Amir Timur
（帖木兒）雕像
的廣場。

為了增強民
族意識，找
帖木兒當民
族英雄

20

7月4日(五) 與吉爾吉斯簽證奮戰

kyrgyzstan embassy

警衛在玩手機，他很無聊吧！

不可照相，我用畫的，不犯法吧！

麵包大
← nan
大麵包

前備大麵包當早午餐，準備和吉爾吉斯簽證長期抗戰

我也學警衛一樣，拿出手機，向朋友傳簡訊報告現在狀況

基於前天多位『前人』的技術指導，我今天五點多就起床，六點就到吉爾吉斯大使館門口『守衛』，哇！我是頭香，不過『前輩』們有交代，不要以為到了就沒事，乖乖在一旁蹲著等的都是傻瓜，你一定要死盯著警衛把你的名字登記下來才算數，果然，警

21

衛叫我去一旁等待，但我不放心，硬是伸手到他的窗口中把桌上的一張白紙拿起來，叫他登記我的名字，他說好好好，我超不放心，於是自己拿筆出來把名字大大地寫上去，框起來，還叫警衛念一遍給我聽，我這麼大膽，還坐在這裡大刺刺地畫他，他應該不會把我抓去關吧？不過他們鐵定印象深刻。

→ 帽子 (shapka)

→ 警棍 (dubinka)

槍 (t'apponeha)

警察(melisa)配備大解析

（我時間實在太多了，所以可以把警察畫得很清楚！）

說起警察啊！我只能說，烏茲別克真是個讓人匪夷所思的國家，這裡到處都是警察，一個地鐵站裡可以派駐十幾個警力，可是看來看去，也沒看出他們到底在那裡做什麼？只是四處走動閒聊，有時無聊就檢查觀光客的 passport，免驚！『前輩』有交代，絕不可以把真的護照拿出來，所以只要遇

only copy!

（裝傻！）

passport

COPY

passport

passport

到這種狀況，我就極力裝傻、裝甜美，把事先準備好的影印本拿出來矇混過關，然後說："paruski，net"，反正這些警察也只會說"passport"和"tourist"這兩句英文而已，所以我每次都幸運通過他們的盤查，就我看來，這個國家根本就是建立在 冗員 及 小費 這兩個基礎之上，博物館和地金載站到處充斥著冗員，明明不需

paruski
(俄語)

net
(NO!)

ya ni ga-va-ryu
pa ru-ski.
(I don't speak Russian.)

要那麼多人手，但卻有一堆沒事可做的人在你眼前晃來晃去，記得去年在這裡偶遇的天津人告訴我，這根本就是一個由小費建立起來的國家，一般公務人員，ex：警察平均一個月的薪水是一百美元，所以真正的收入是靠向民眾要小費來養家活口，行賄不會被檢舉，反而是一種必然；所以觀光客之間彼此相走告，遇到臨檢決不可秀出真的護照，只給影本就好，以免被迫用錢贖回護照。

棉花　烏茲別克的國徽

麥穗

УЗБКИСЮ

冗員　小費

23

辦完簽證，走回地鐵站，沒想到竟又被臨檢，看完護照影本，還想叫我打開包包，我裝死不理他，他硬是說我有帶Bomb，鬼咧！開什麼玩笑啊！如果我有Bomb，那你一定有火箭，真不知道這些警察的腦袋裡到底在想什麼？

請問一下，這個我新買的腰包哪裡像Bomb了？

這是上廁所の票————→

在這裡，上廁所到處都是要錢的，少則100 som，多則200 som，通常在車站或新式建築會找到比較乾淨的廁所，不過，也不用期待太多。

24

7月5日(六) 在博物館吹一整天冷氣

P.S 無政治意涵

踩扁!踩扁!踩扁!

橡樹的果實像戴著一頂小帽子,好可愛!

✎ 這是參觀博物館的門票

O'zbekiston Respublikasi
Madaniyat va sport ishlari vazirlig
Amaliy san'at muzeyi

Seriya ASM Chipta № 012045

Narhi 1800 - s'om

O'zbekiston Respublikasi
Madaniyat va sport ishlari vazirligi
Amaliy san'at muzeyi

Seriya ASM Chipta № 011615

Narhi 800 - s'om

↑ 這是幫我的照相機買的票。

今天的行程是要去 museum of Applied Art,一路上有好多高大橡樹張開綠色雙臂,為我擋去炎熱的陽光,地面上有很多從樹上掉落的橡實,不小心踩到時會發出"Bo"的一聲,我聽了大樂,一路上走著跳著,踩著橡實前進。
博物館對外國人及對本國人的收費標準不同(把觀光客當肥羊!),而且如果想照相或錄影都另外要加錢。

25

博物館收藏品

aftoba 水壺
labolasta

到烏茲別
克家庭做客
時,進門之際,
主人會用水壺倒
水讓客人洗手,
然後用毛巾擦
乾。

通常倒水
三次!

chilopchin

Dastshui
→ 水盆

26

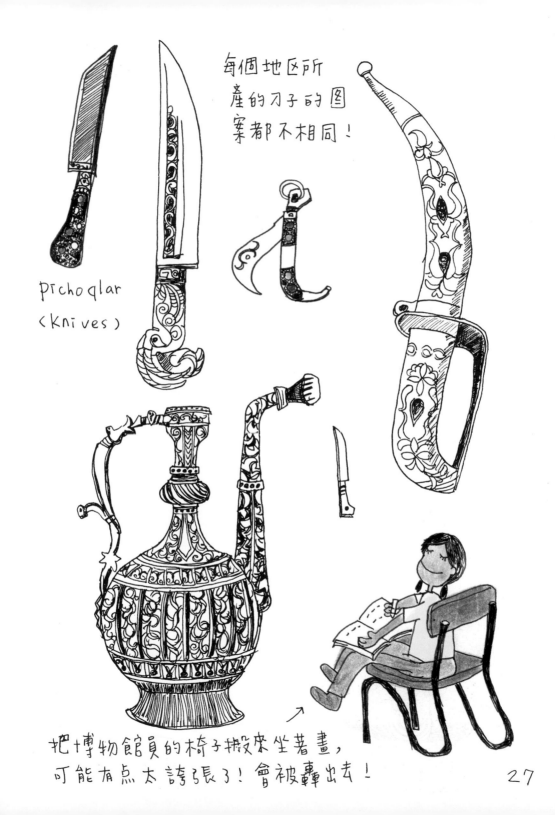

每個地區所
產的刀子的圖
案都不相同!

pichoqlar
(knives)

把博物館員的椅子搬來坐著畫,
可能有点太誇張了!會被轟出去!

27

在十博物館裡，看到許多傳統
手工藝品，包括傳統服飾，看到
之後，才開始明白在市集裡的衣
服花色與樣式是了續傳統
而來，這種如同雲彩在水中的倒

belbog（用
來繫在腰上的
方巾）

Kuylak 魁那克（女性服飾）

ElaK（女性服飾）

影一般的美麗花色，至今仍深深被民眾喜愛，而
KuylaK（魁那克）的款式經過演變，樣式改變了，
28 但大部分婦女仍穿著寬鬆的 Kuylak。

chopon（怡絆）是一種長袍，去年到 Adham 家做客時，他有穿給我們看，穿的時候要戴上四四方方的帽子 doppi（朵帕），腰上繫著方巾 belbog，打結成腰帶的樣子！

chopon（怡絆）流傳了有一千年之久，至今，男人在重要場合穿著 chopon 的傳統仍未改變，男子孩在行割禮之前會得到他人生中的第一件 chopon，在婚禮前夕會獲贈第二件 chopon，在人生的種種重要場合中，他會再擁有更多件 chopon，現代生活中，即使男人的穿著有了更多選擇，但 chopon 仍流行不墜。

CHOPON (MAN'S ROBE)
怡絆

doppi （朵帕）

29

→ 花了#10買的插
畫故事書的封面，
不過下面那兩則
故事我是從雜
誌上看到的！

Khodja Nasreddin
アジヤの微笑み
(也就是afanti阿凡提)

Khodja Nasreddin 是烏茲別克人人皆知的一位智者，他說的許多發人深省的故事流傳在民間，類似像伊索寓言那樣的故事……。

(怡絆)

在他說過的故事裡，也有兩則和 CHOPON 有關哩！

(一) 有一天晚上，Khodja Nasreddin 的老婆被一聲巨響驚醒，『發生什麼事了？』她問道，『沒事……』Khodja Nasreddin 回答：『我的 CHOPON 掉了』，老婆又問：『可是為什麼這麼大聲？』，Khodja Nasreddin 說：『因為我在 CHOPON 裡面！』，由此可知 Khodja 有多愛他的 CHOPON 了，連晚上也不和它分開！

(二)

有一天，Khodja Nasreddin 穿了一件像乞丐似的滿是補釘的 chopon 去赴宴，他忘了人們總是以貌取人，主人把他安排坐在桌子末端的位置，離上座很遠，離出口很近，甚至忘記為他送上餐點。他生氣了，於是跑回家換衣服，還好他手邊剛好有一件繡了金線的 chopon，當他又回到宴會現場，他立刻被奉為上賓，plov (抓飯)、饟 (麥麵包) 和菜立刻送上，khodja Nasreddin 把袖子靠近食物，開始說：『我親愛的 chopon，請享用一些抓飯吧！自己來！』，主人吃驚地看著這一切，難以理解，Khodja Nasreddin 解釋：『你歡迎的對象是我的 chopon，它最有資格享受這頓大餐，好好吃吧！受人尊敬的 chopon！』

Chopon 恰絆小字典

1. pakhtalichopon (冬季樣式，厚如棉被，我有試穿，簡直腫得像背一條棉被在身上)

2. bekasamchopon (夏季樣式，材質輕薄)

3. avrachopon (正反兩面都可穿的樣式)

31

33

兩位正在下棋的大叔賣的是"門"

是不是經濟狀況較不好的社會，二手舊貨市場相對地會特別活絡？這個舊貨市場是我學校操場的很多倍大，攤位密集，什麼都有，什麼都賣，什麼都不奇怪，走進裡面，我感覺自己好像漂浮在一片垃圾海當中，記得去年碰到的天津人對於竟有人對這種地方有興趣感到不可思議，他用了一個十分絕妙的

油畫相

請問一下，這些乾掉的顏料是要怎樣畫啊？

各式吊燈都有

二手茶壺，茶杯

有人要買手錶嗎

我坐在待價而沽的二手馬桶上

還有舊洗手槽

二手水龍頭

形容，他說這地方淨是些『正經的破爛』，的確，LP上說這裡從釘子到核子武器都買得到！其中也有許多當年蘇聯瓦解時，俄羅斯人匆匆撤離所遺留下的家當寶貝。

交通：在地鐵 Mustaqillik 站搭30号虎巴士，去30 min.
　　　星期日才有

二手水箱

二手啞鈴照樣能強健體魄

二手浴缸俗俗賣！

35

7月7日 (一) 得來不易的吉爾吉斯簽證

上星期(三)及(五)，我都在塔什干的吉爾吉斯大使館前耗掉整日時光等待，我今天應可以拿到簽證了吧！(我已經買了晚上要去布哈拉的火車票,今天非要拿到簽證不可！)，我一大早就去大使館前排隊,有人插隊我就假裝 "strong", 碰

到警衛我就假裝甜美與聽不懂(其實也真的聽不懂！)......, 一波多折, 終於, 在下午五點, 拿到簽證了！

36

Train

由塔什干到布哈拉
的夜鋪火車，晚上
8:10 開車，次日早上
6:00 抵達

1st class：25000 Som（四人
包廂，有門）

2nd class：18000 Som（也是
四人包廂，但沒有門）

塔什干有兩個火車站，南站
和北站，我在北站附近的
國際訂票中心買票（那裡
可說英文！），但必須去南站
坐車，他們怕我走錯，寫了
這引張紙條給我帶著。

── 天花板上有日光燈

── 上鋪

── 冷氣出風口（冷氣滿涼的）

── 座位號碼
每個床位都有閱讀燈

── 喝茶這件事，對烏茲別克人而言，
十分重要，故桌上擺了一組茶具，
火車上也提供熱水和茶葉

── 下鋪

── 牀下可放行李，上鋪側邊亦有
行李置放櫃

37

上鋪

窗簾

窗戶

閱讀燈

置物架

門

下鋪

桌子

地毯

枕頭

大毛巾　床·被單

和我同包廂的是一對父子，父親是牙醫師，要送兒子到
布哈拉的醫藥學校去受訓，小販到車上兜售物品時，
他們多買了一瓶礦泉水請我喝，車子開始移動之後，
隨車服務人員來收車票（嗚～我本來想貼在日記上的…）
隨後送上新的枕頭套、床單、被單，都是剛洗好
燙好的，拿在手中還可以感覺溫熱。

雙手扶住上鋪左右兩張
牀，從地面上一躍而起

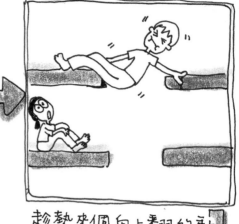

趁勢來個向上翻羽的動
作，把腳踩到上鋪

我的牀位是在下鋪，牙醫
父子檔都睡上鋪，他們
把下鋪的完整空間留
給我一人使用，如此一來，
也可避免四目交接時的
尷尬，他們父子二人沒有
用梯子爬上上鋪，反而在我面前
露了一手拉單槓特技，看得我瞠
目結舌。窗外的天色由橘黃轉
成藍色，逐漸漆黑起來，我拿
出事先準備的睡袋套，把貴重
物品及自己一併裝進睡袋套中，該睡了！

躲起來

39

揮別了塔什干這個我熟悉的城市（去年在此待了8天，今年則待了7天！），我的旅程其實才正要開始而已！明天醒來，我就是在陌生的另一站了！要跟塔什干說再見了！

塔什干給我的感覺，十分複雜，說穿了，就是 "Mix" 吧！它是烏茲別克的縮影，而烏茲別克可也是中亞的縮影；在塔什干，我總是迷惑著，這是一個沒有標準的國家，文化與人種混雜，在我看來，塔什干、烏茲別克、甚至中亞，就像是個被轉動過，再也回不去的魔術方塊！

40

然而，那雙轉動魔術方塊的手，就是昔日的蘇俄。自古以來，這塊介於東、西方之間的土地，原本就是各民族活躍的場域，沒有疆界的存在！二十世紀初，蘇俄併吞，改變一切。

PE IYU 的地理教室☺

RUSSIA
俄羅斯

KAZAKHSTAN 哈薩克斯坦

CHINA
中國

裡海 CASPIAN SEA

UZBEKISTAN
烏茲別克斯坦

KYRGYZSTAN
吉爾吉斯坦

TURKMANISTAN
土庫曼斯坦

TAJIKISTAN
塔吉克斯坦

IRAN
伊朗

AFGHANISTAN
阿富汗

中亞五國 ☺♡

這双背後的手，不但轉動，而且拆解一切，在蘇聯時代，遷移了大批俄羅斯人、朝鮮人、韃靼人等到此，並劃出五個不同民族國家的疆界，1991年，蘇聯解體，這裡獨立出 5 個『斯坦 stan』國家（stan：地方之意），然而原先由蘇聯劃出的疆界，充滿矛盾，割裂了族群，造成一國多族、一族多國，導致衝突四起，關係緊張。

41

7月8日 (二) 順利抵達布哈拉

　　在清晨的微光中醒來，窗外的景色早已換成一片光禿禿的黃土大地，天空連一片雲也沒有，我旅行的方向正在往這個國家的乾燥核心更加深入。

『布哈拉到了！』，我跟著旅客們下車，儘管計

程車司機不斷地繞著我問：『Taxi？』，但我還是憑直覺找到了當地人最常搭的小巴士前往古城中心。

➡ 古老大宅院改建的旅館，每人每日10#，有冷氣,附衛浴,早餐2#

我要去 Lyabi-hauz 啦！有到嗎？

由火車站搭 marshrutno (小巴士)到古城中心要 20分鐘

(≒9.6NT)
車票 400 Som

在著名景點 LYABI-HAUZ（意思源自塔吉克語：水池四周）旁邊有很多餐廳和藝品店，那些餐廳擺了很多木牀在桑樹下，因為傍著水池，所以空氣中有消暑的清涼感，我在那裡吃午餐。

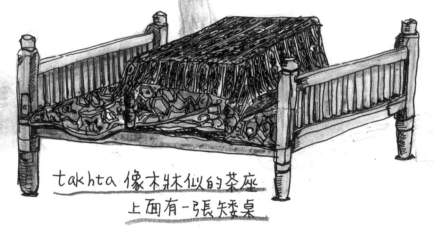

takhta 像木牀似的茶座
上面有一張矮桌

其實，烏茲別克人是很懂得享受生活的，他們不但在自家庭院擺放木牀乘涼，在戶外的公共場合，也隨處可見這種木牀形式的茶座，這是社交中重要的一環，當地人在木牀上吃東西、下棋、喝茶，看見我的第一句話，總是問："chay(茶)？"

43

塔什干电視台 (TV)

we are famous now.

superstar --Peiyu

簽名！
簽名！
簽名！

我在木牀上畫畫，後來有個背包客跑來跟我聊天，後來，竟有塔什干電視台的人跑過來要求採訪並拍攝我們，他們想拍攝外國觀光客很 enjoy 布哈拉古城的樣子，兩天後會在電視頻道播出，呵呵～沒想到竟會在烏兹別克上電視，希望不要太紅，走在路上萬一太多人要跟我握手要簽名就慘了！（Peiyu，你想太多了！）

和我一起聊天的背包客是來自西班牙的加泰隆尼亞地區，他說他向人做自我介紹時，從不說自己是西班牙人，我告訴他我知道加泰隆尼亞是西班牙『富裕的東北部』，擁有自己的語言，族群意識很強，他們以經濟優勢及相異的人文背景，要求自治權力擴張，甚至醞釀著要脫離西班牙而獨立，分離意識濃厚！

44

FRANCE
法國

Catalonia
加泰隆尼亞

Barcelona♡
巴塞隆納

SPAIN
西班牙

PORTUGAL
葡萄牙

AFRICA 非洲

加泰隆尼亞自治區位於伊比
利半島東北部,以庇里牛斯山為界
與法國為鄰,當地使用的加泰隆
尼亞語與西班牙語同為西班牙的
官方語言;當地的不同語言、文化
讓加泰隆尼亞人認為自己不是西班牙人

這個背包客很訝異我竟對
他生長的地區有所了解,他
說他常要費一番口舌向別人
解釋他生長地區的背景,
(呵~就像我要拿出地圖向別
人解釋台灣一樣,我可以
了解那種尷尬的處境!),他
恰巧是一位教授古老加泰隆
尼亞語的老師,正為語言
文化逐漸式微而憂心。

晚上,我在古城中散步,夜色涼如水,

布哈拉這座古城,是月亮和星星間最美麗的地方

45

7月9日（三）古城中的閒晃

早餐是在旅館吃的，餐廳在地下室，滿大滿陰涼的，這間旅館滿大的，房間非常多，是由一間古老的大宅院改建的，原本我有點擔心規模比較大的旅館會充斥著商業氣息，但我多慮了，這裡的工作人員都很親切，特別是年紀很老的阿嬤，每次見到我總是用『手語』問我：『吃飽了嗎？』、『睡得好嗎？』，還叫我正午過後要回來睡午覺，別在大太陽下走路，以免晒昏了，他們說白天布哈拉的最高氣溫有43度，然而這裡非常乾燥，即使高溫，也不像台灣那樣悶熱不舒服，在這裡，只要躲到陰涼通風處，就會覺得非常舒服。烏茲別克人十分重視家庭，而且非常尊敬老人，上車時看到老人必定讓座，每次我投宿旅館或上餐館時，只要看到有阿嬤坐鎮，我就會感到放心，而且我向來十分受老人家歡迎，號稱『阿公阿嬤殺手』，呵～呵～呵～烏茲別克人真的超級好客，我每天走在路上都被請吃這個、那個的，乾脆考慮定居下來算了。

> 我入境隨俗，跟著當地人喝綠茶（kok chay），自己也買了茶葉泡茶

AMIR

500 Som
（≒12 N.T）

OLIY NAV

Xitoy ko'k choyi

No.95

1009

46

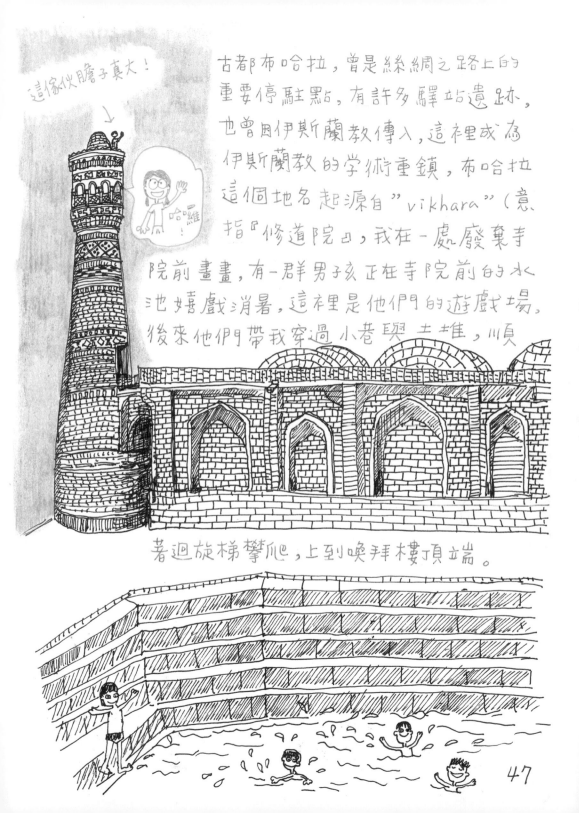

這傢伙膽子真大!

哈囉!

古都布哈拉，曾是絲綢之路上的重要停駐點，有許多驛站遺跡，也曾因伊斯蘭教傳入，這裡成為伊斯蘭教的學術重鎮，布哈拉這個地名起源自 "vikhara"（意指『修道院』，我在一處廢棄寺院前畫畫，有一群男孩正在寺院前的水池嬉戲消暑，這裡是他們的遊戲場，後來他們帶我穿過小巷與土堆，順著迴旋梯攀爬，上到喚拜樓頂端。

47

吃早餐時，一個阿爾及利亞的背包客和旅館職員教了我餐前餐後的祈禱禮儀。

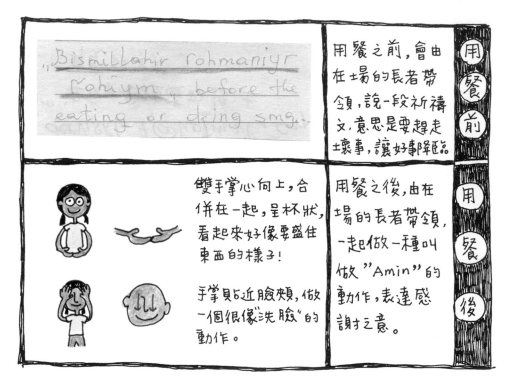

阿爾及利亞背包客和旅館職員看到我一臉很睏的樣子，問我是否沒睡好？唉呀！都是昨晚做那幅布哈拉古城的紙雕畫的啦！因為我覺得，既然『天方夜譚』中『阿里巴巴與四十大盜』的故事是發生在布哈拉，那麼，與其用畫的，不如用『紙雕』的方式，更能表現這古城如童話般的景致，不過，這可把

我整慘了，在行李箱中番羽到
色紙（行前瘋狂打包，失去理
智，把畫畫用的紙帶成色紙，
我還帶了很多不會用到的東西，
行李中的『冗員』和烏茲別克
的『冗員』一樣多！），昨晚
用美工刀刻到一半，真想放棄，
奇怪，我是出來旅行的？
還是出來做勞作的？

今天一直在迷路，古城的巷道每一條
都好像，難怪強盜要在門上做記號。

兩位大叔正在下一種叫做
narada的棋！

骰子

49

↙Karakul $10

老師好酷!
酷!
羨慕
崇拜!
酷!
老師好酷

奇怪？我應該是頭殼壞去了吧！這裡有四十度的高溫，但我買了我現在不會用到，且一輩子也不會用到的東西，那就是一種用羊毛做的很像超大黑人捲捲頭的叫做 karakul 的帽子，戴上回從伊朗帶回的 chador（黑帳蓬）提振上地理課的士氣後，我將再以這頂帽子來解釋大陸性氣候的特徵 —— 夏熱冬寒，應該會引起一陣驚歎吧！沈醉在幻想的虛榮中，我買了它！

PEIYU 的地理教室 ∵深居內陸，距海遙遠 → 夏熱冬寒，少雨

烏茲別克是 Double land-locked country（双重內陸國：指完全由內陸國所包圍的內陸國家）（參考 P.141 地圖），故缺乏水汽調節。

月份	最高溫 °C	最低溫 °C	平均氣溫 °C	平均雨量 mm
1	7	-3	1	17.8
2	9	-1	3	15.2
3	16	4	9	25.4
4	24	7	17	22.9
5	31	16	23	7.6
6	35	19	28	0
7	37	14	29	0
8	34	18	27	0
9	29	13	21	0
10	22	7	14	5.1
11	16	2	8	10.2
12	9	-1	3	17.8

氣溫 °C / 雨量 mm

Bukhara 布哈拉

所謂的烏茲別克美女.....

在烏茲別克可以看到女生把眉毛畫成一字眉，
她們認為這樣很漂亮，此外，這兒也不流
行把眉毛修得細細地，在這兒的審美標
準，又濃又粗的眉毛才是王道，因此，婦女會
去採一種叫做 Usma 的青草，塗在眉毛上，可
以促進眉毛生長，連媽媽都會幫小女嬰塗
USMA 呢！愛美這件事可得從小做起呢！

① 摘一把新鮮的 Usma

USMA
├── 15 cm ──┤

② 以手搓搓，搓出
綠色汁液

③ 以棉花棒沾 usma 汁
液，塗在眉毛上（這裡的棉花棒是自己DIY
的，他們用採收後殘餘
的棉絮纏在火柴棒上！）

④ 幾分鐘後，把綠色
usma 以水洗去。
留下黑色痕跡。

7月10日(四) 爆炸驚魂夜

正疏散到水池廣場

Lyabi-Hauz
(水池四周)

昨晚兩點多，我在連續好幾聲巨響中醒來，以為是放煙火(怎麼會有這種可笑的想法?)或打雷，但聽到門外有騷動聲，我開門出去看，原來大家也和我一樣被驚醒了，這間旅館的兩位職員精通法語，但英語普通，我看到光著上身裹著牀單的法國人與他們交談後就匆忙下樓，職員也用英語呼喊我，要我立刻下樓疏散，我衝入房中拿了錢包、暗袋，又順手抓了手機及拇指大的迷你手電筒，為防有人趁火打劫，我也鎖了房門，職員把大家疏散到水池廣場，把

gas
?

Bomb
?

枯等2小時後，無聊的我開始玩貓!

水

旅館大門上鎖，廣場上人好多，火光把整片黑夜染紅了，巨響持續發生，旅館的阿嬤要我坐在她隔壁叫我不要害怕，職員

還給了我一瓶礦泉水（我看起來真的很害怕嗎？），在語言不通，不知道到底發生什麼事的情況下，的確會害怕，這裡距離土庫曼邊界146公里，先前也沒聽說有什麼戰事，不會有人把炸彈丟這麼遠來吧？至於本地的伊斯蘭激進份子向來是在費爾干納盆地活動為主，不會大老遠來布哈拉弄自殺攻擊吧！如果真有什麼戰事發生，我要先投降（沒人管我這笨蛋外國人吧！），然後用我的美金僱車逃回首都塔什干（機場常成為攻擊目標，不一定有飛機可搭……），還好我還有吉爾吉斯簽證和台胞證，要進入大陸也沒有問題……，不過，這一切當然只是我的幻想，苦等兩個小時之後，這場瓦斯氣爆引發的連環爆和火勢

嗚～嗚竟然丟下寶貝木不杯熊，自己一個人逃走！

對不起啦！可是當時真的沒想到！我後來也想回來救你！

終於得到控制，旅館職員要我們回去睡覺，職員送我回房，開金鎖開燈，確認安全無虞後，說如有任何事情，他就在附近……，躺在床上一時很難睡著的我，想到這裡乾燥缺水，那災情想必不輕吧！出門時，我為自己多買了額度較高的保險，但是，保險到底保的是什麼呢？如果真有什麼事發生，什麼也保不了，而這世界也沒有絕對的安全。

53

布哈拉名產大收集

（很多東西其實市集有賣，紀念品攤的價格超貴！）

↗ chaynak pishak

不要像我一樣耍白痴，以為這是俏皮的彩色帽子，其實這是茶壺的保溫罩（我在辦喜事的人家裡看過！）

涼

還可以趕蒼蠅

這種扇子是布面做的，不是用『搧』的，而是用『轉』的，拿在手中像轉竹蜻蜓那樣轉！

木製

Chekich

給它戳下去！

這是饢戳，可在饢上戳壓花紋增加美觀見

Nan
饢（日常主食－大麥麵包）

54

女生戴的 doppi
(朵帕)

我真美麗.

當地女生戴的一種
綴滿珠飾及亮片
的華麗方形帽子,在
喜慶節日時會戴。

sumak (一種木製導管)

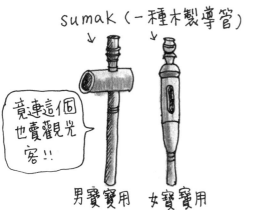

竟連這個
也賣觀光
客!!

男寶寶用　女寶寶用

這是當地
的木製搖
籃 Beshik,
中間有一
塑膠盆 tuvak,小寶寶睡覺不包
尿布,尿可經由木製導管引入桶中。

→ 皮製的瓶塞

→ 木頭質感
的瓶身

較大的可以當成水
壺,較小的則可以把
香料磨成粉末後放
入,成為香料罐。

陶瓷偶

afandi
(阿凡提)

經過老闆的解說,我才
知道原來我之前所知的
那個會說寓言的 khodja
Nasreddin 就是常聽到的
afandi (阿凡提),買陶器時
要認明騎馬驢的才是喔!　55

Zokhir Kamalov
Hand-forgen Metal

Olim Hujaev 15,5 proezd
Hakikat, 12
Bukhara, Uzbekistan

(99865) 228 24 27(Home)
(99865) 224 34 21(Studio)
Blackhole_Zoir@mail.ru

只有布哈拉才有的鳥形剪刀

CAGSA (Central Asian Crafts Support Association) 發的證書

這是世代相傳的行業, 在這間店已傳了六代.

Kaichai

從前有許多鸛鳥在遷移途中會在布哈拉築巢. 有些建築塔頂現仍可見巨大鸛鳥巢! 所以才會有此剪刀樣式.

Bird scissors:

公的, 頭上有冠羽

母的, 頭上沒羽毛

尖嘴可剪紙

也有魚造型喔!

male   20#

female   20#

Fish   20#

56

piva 啤酒
(Samarkand出產
撒馬爾罕)

○○ kurut 乳酪球

天氣太熱時，對含糖飲料興趣缺缺的我實在不想喝汽水，於是跑去買啤酒，至少這是有氣泡，但不甜的飲料（天氣熱，會讓人想喝有氣泡的東西！）我躲在小雜貨店躲太陽喝啤酒，老闆娘遞給我兩顆乳酪球，說這裡的人喝啤酒會配乳酪球，滋味無窮，我半信半疑地接過來，一試之下，果然滋味特別且美味。

剛剛在藝品店和一個英文流利的年輕人聊天，我才知道原來昨晚的連環爆炸聲是炸彈，而不是瓦斯氣爆，有大約560位士兵死亡，原因是一處彈藥補給站起火爆炸，連軍方機場都炸毀了，威力強大，遠在台灣的杜博士也迅速傳簡訊告知爆炸事件，要我諸事小心，昨晚的爆炸真的好可怕，害我以為要開戰了！和我聊到一半，藝品店的年輕人說他要起身關店門去清真寺祈禱了，烏茲別克多伊斯蘭遜尼派教徒，一天必須祈禱五次。

4:50 AM   1:30 pm
6:35 PM   8:35 PM
10:05 PM

57

7月11日 (五) 拜訪人偶工匠
　　今天星期五,很多商店休息,而我去了人偶工匠の工作室。

THE PUPPETS
of Iskandar Khakimov

Puppets dressed in national costumes are a traditional Uzbek souvenir. They are invariably made with great affection and imagination. As a rule, puppets represent folk types, literary characters. They are not only fun and beautiful toys, but make excellent decorative pieces in the home.

Workshop location:

Madrassah Nodir Divan Beghi
B. Nakshbandi St., Bukhara,
Uzbekistan, 705018

fax: (+998-65) 224-22-46
e-mail: i_puppets@rambler.ru
http: www.bukhara.net\crafts\iskandar\index.htm

PUPPETS 如何製作人偶？

kugrchog

(前後費時7日)

1. 步驟：以黏土塑形

依照主角之臉型及表情用陶土做出模子.

正面　　背面（黑灰色）

2. 步驟：燒製模型

為防止燒製過程中產生爆裂變形，把陶土模型由中間剖成兩半，中間以鐵片分隔. 再送入火爐；剖半也同時為了下個步驟要米胡紙片！

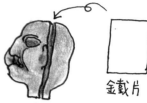

鐵片

3. 步驟：以紙張塑製臉譜

水　麵粉

黏著劑以水和麵粉調製，再將紙張一張張地黏著在陶土模型的內側，上了一層又一層，這樣的動作必須黏了十層才停止。

（紙是用普通書本紙張或報紙）

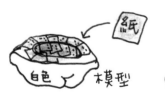

紙

白色　模型

4. 步驟：晒製臉譜

紙製臉譜連著陶土模型一起放在太陽底下晒1天。

紙製臉譜由模型上拆下後為保證乾透，再晒1天。

紙臉譜

59

5. 步驟：頭部成形

紙臉譜 ↓接合 紙臉譜

將前半部的頭（臉孔）和後腦勺相黏，雖然因為是紙做的，只要上一層膠水即可，但為防日後裂開，還是很慎重地再黏上一層膠布，經由此步驟，頭部的立體感焉然成形。

6. 步驟：臉部打底

以白色塗料打底，把之前的接縫完全遮去　　上一層亮光漆　　再用皮膚色顏料打底　　再上一層亮光漆.

7. 步驟：彩繪臉譜

依所需的人物形象上顏料

順便包上頭巾
黏上眉毛
塗上腮紅

8. 步驟：穿衣

身體是以線為結構，縫上布做的小手，再加上由師父的太太精心縫製的手工小衣服

➡

其實，就是布袋戲偶！

完成了，栩栩如生！

60

CHOR-BAKR
距布哈拉古城
6公里, 門票 2000
som, 照相 1000 som

　　在布哈拉古城中的消費實在不便宜,無論是買東西
(即使是生活日用品)或吃東西,當地店家只要看你是外
國人,就會自動把價格抬高,雖說他們也是為了生
存,但是對我們這種並不富有的亞洲背包客而言,
實在有點吃不消,所以我接受德國人Tino的建議,
多走些路到古城外去買東西及用餐,遠在台灣
的杜博士二人還傳簡訊『遠距教學』,告訴我
哪兒有道地好料理,原來全世界最好吃的

整頭羊

泥
磚砌的悶爐

烤肉在往Chor-Bakr墓園
的路口,停了很多貨櫃車,
卡車司機皆在那兒用餐

Kugrchog

參觀戲偶工作室真是收穫多多!
工作室的大叔(長得很有喜感,
簡直就是戲偶真人版!),還
現場操弄布袋戲給我看,
又送我用金線手工縫製的香包

tumaor

61

全世界最美麗的星空，
在～布哈拉

大概晚七、八點的時候，古城停電了，但那時天還
頗亮，我到水池茶座去散步，那裡的商家有自備
發電機，待得更晚也沒關係，我坐在石階和婆
婆媽媽們比手劃腳嗑葵花子聊天，一個阿嬤
邀我去她家坐坐，她家的屋子是本地 Jewish quarter
（猶太區域）的老房子，因為停電的關係，所以我
們在庭院的星空下享受了一頓美麗的燭光晚餐。
（約12,13世紀猶太人在此定居，活躍於商業活動，蘇聯解體後外移。）

7月12日（六）布哈拉建築之美

明天要離開布哈拉了，今天要勤奮一點，看一些招牌建築物，布哈拉在絲路鼎盛時期，是重要的商業重鎮，在伊斯蘭教傳入後，這兒更成為神學研究中心，整個城市規劃相當完整，且保存得很好，居民生活仍在此，所以它不但是露天博物館，且是活的博物館。

1.

神學院 Medressa
例：Mir-i-Arab Medressa（圖）
布哈拉有多座神學院，有些已將神院的多個小房間改成手工藝品販賣處，有些則仍在使用中。

2. 穹頂市集 covered bazaar
例：Taqi-Zargaron Bazaar（圖）
布哈拉現在仍存有幾個室內市集，由迴廊和穹頂構成，小穹頂可引進涼風，市集的命名和古代所從事的交易有關，例如：Taqi-Zargaron Bazaar 是和珠寶有关。

3. 驛站 Caravanserai

布哈拉是古代駱駝隊商休息的據點，故遺留許多驛站建築，商人也順便會在驛站附近的市集交易商品。

63

4. 清真寺 mosque 和 喚拜樓 minaret

受波斯的建築風格影響非常明顯（和我之前在伊朗看到的很像!），不過，這裡的喚拜樓大多渾圓壯碩，且塔身以泥磚砌成幾何圖紋，風格較樸實。

例: Kalon mosque and minaret （圖）

5. 陵墓 mausoleum

多以泥磚的不同排列方式創造出凸起、凹陷、斜紋等效果，產生幾何圖形的變化，顏色雖只是低調不搶眼的黃土色，但裝飾細節卻很耐看。

例: Ismail Samani Mausoleum（圖）

6. 其他～

還有一座 Ark（土城堡），不過整修得很新!

64

這是 Zindon（是 jail 監獄的意思！），裡面有古時候的拷問室和可怕的地牢。

接下來這座，是十分十分『卡哇依』的

char minar（這個名字在塔吉克語中是四個喚拜樓的意思，不過嚴格而言，那四根應該只是塔而已！），四個塔的裝飾都有一點點相異，要仔細看磁磚排列方式才看得出來，這座清真寺十分小巧可愛，很像童話故事般地。

最後，這座 Bolo-Hauz Mosque，有著二十根雕刻精美的木柱，十分幽靜，是我常睡午覺的地方。

（這些鉛筆畫，出自小男孩之手！）

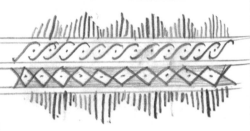

我在 Bolo-Hauz 清真寺前面的樹下畫畫，畫完之後，順便和旁邊紀念品攤位的老闆打聲招呼，然後準備閃人，老闆揮手要我過去喝茶，說想看我畫的東西，又請我吃餅和 KatyK（優格），原來他是金屬雕刻匠師，還拿出作品解釋圖案的意思給我聽，這項手藝和打鐵鋪子一樣，也是世代相傳，他正在訓練十來歲的兒子從製圖開始學起，小男孩把圖案練習簿翻給我看，哇！畫得精準又漂亮，筆法也可看出頓挫，原來，一位匠師的養成是如此不容易啊！

小男孩主動要求要畫在我的日記本上，匠師說神

66 聖圖案和阿拉伯文一樣由右而左書寫，男孩好專注！

烏茲別克常見
的穿著：

-> 包頭巾

一字眉 <--

-> 戴耳環

鑲金牙 <--

-> 寬鬆如孕婦
裝的洋裝是
此地婦女最
常見的打扮

-> 以布巾包
裹物品
(布巾內有盤子)

-> 寬鬆的
褲子

穿拖鞋 <--
(但會穿襪子)

✱布巾裡的祕密：
當地女人很愛用布巾
包東西,且花色都很
漂亮,連我看了都
很想搶過來,且她
們會在布巾底層先
放一個盤子或盆子,
這樣放了東西才不會
東倒西歪,真聰明！

----> 四角帽(上有
白色繡紋)

----> 長者通常會
留鬍鬚

(灰 or 米色 or 藍色)

---> 寬大的長袍

不扣扣子

---> 以彩色方
巾繫成腰帶

✱彩色腰帶的繫法：
阿公們用的彩色腰帶花色
都很鮮豔亮麗,我看了也
好想搶過來！

---> 有的穿尖頭
皮鞋,有的穿
長靴

正面打結

背面三角狀垂下來

67

新娘向賓客致意方式
是微微慢慢低頭行
禮三次

bride

我直接套上CHOPON,戴
上帽子和頭紗,扮演
新娘的角色.

本來以為今天的日記已經沒『梗』
可寫了說....,下午我回旅館吹
冷氣,但沒想到竟停電,我在考
慮要不要去kalon mosque後面
洗土耳其浴(1人10井,含馬殺雞,大
家都極力推薦!),但又覺得太
貴,我的美元鈔票有些是舊鈔,
在這裡不被接受,預算有點
吃緊,想想還是出門散步就
好,去char minar附近拍照,
結果被當地婦女叫去跟她
們坐在一起,然後就進入家家裡喝茶吃點心,她
們從衣櫃搬出全套的傳統新娘服,示範穿法
給我看,後來我們乾脆玩起『扮家家酒』,然
後莫名其妙地,我
還留下來吃晚飯。

我和婆婆的媳婦玩角色扮演

嬰兒搖籃

婆婆哈哈大笑

小嬰兒
在玩扇子

婆婆的大嬸忙著照相

68

一定要趕快從布哈拉落跑才行，因為已經被請客請到超不好意思了，而且主要街道的小販及下棋的老人全都認識我了，旅館夥計還很疑惑，怎麼每天都有不同人送我回去（烏茲別克人請客的習慣是會陪客人回家或送到車站！），哇！不敢再住了！

最大罐那罐拿回台灣！

泡開水喝，加在优格裡，或塗在nan麵包上，都好

jam

大敬爲！

烏茲別克的婆婆媽媽們是製作果醬的高手，阿嬤把果醬搬出來一字排開給我試吃，並要把最大罐的送我，我後來拿了最小罐的回來。

為了偷偷觀察鳥形剪刀的做法，我故意經過打金鋪很多次，研究製造過程，結果老闆送我裝剪刀的袋子，也可裝眼鏡及手机，這種金線刺繡是布哈拉的特殊工藝

因為蹲在遠遠一角畫紀念品，畫得太久，老闆娘送我小陶偶。

Souvenir

蹲在遠遠一角的我！

7月13日(日) 焗爐烤肉之真人演出

　在烏茲別克可以吃到的火烤肉有串烤 (shashlyk,將肉類切塊,用鐵叉串起來烤)、還有焗爐烤肉 (把整頭羊送進泥爐中焗烤),我雖然還沒有機會吃到焗爐烤肉,但在今天由布哈拉到 Khiva (希瓦) 這段移動路程,我自己當了一次『焗爐烤肉』!

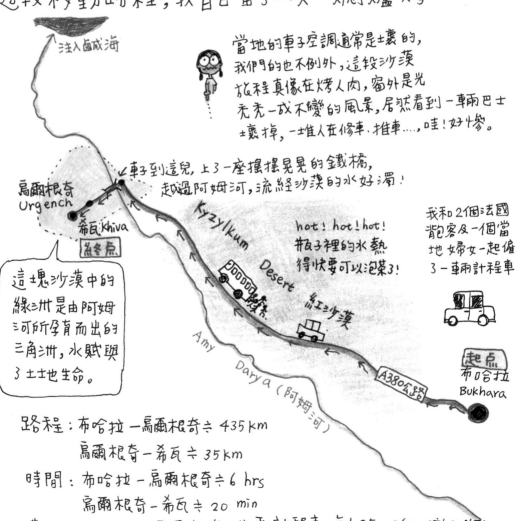

注入鹹海

當地的車子空調通常是壞的,我們的也不例外,這段沙漠旅程真像在烤人肉,窗外是光禿禿一成不變的風景,居然看到一輛巴士壞掉,一堆人在修車、推車……,哇!好慘。

車子到這兒,上了一座搖搖晃晃的鐵橋,越過阿姆河,流經沙漠的水好濁!

烏爾根奇 Urgench

希瓦 Khiva 終點

這塊沙漠中的綠洲是由阿姆河所孕育而出的三角洲,水賦與了土地生命。

Kyzylkum Desert

紅沙漠

hot! hot! hot! 瓶子裡的水熱得快要可以泡茶了!

我和2個法國背包客及一個當地婦女一起僱了一輛計程車

Amy Darya (阿姆河)

A380公路

起点 布哈拉 Bukhara

　路程:布哈拉—烏爾根奇 ≒ 435 km
　　　　烏爾根奇—希瓦 ≒ 35 km
　時間:布哈拉—烏爾根奇 ≒ 6 hrs
　　　　烏爾根奇—希瓦 ≒ 20 min
　費用:布哈拉—烏爾根奇,共乘計程車,每人 25000 Som (≒600 N.T)
　　　　烏爾根奇—希瓦,共乘計程車,每人 3000 Som (≒72 N.T)

70

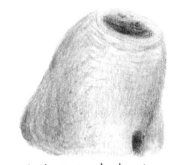

家家戶戶一定有的
坦杜爾（tandir）
做 nan（麵包）用的

以整體感覺而言，在希瓦這兒
的人民生活似乎辛苦許多，但
他們還是照樣歌唱跳舞，
日子還是一樣地過。
我在古城中散步，想起之前
那個加泰隆尼亞來的背包客告
訴我的話，他說他喜歡布
哈拉更甚於希瓦，因為布哈拉
古城仍是居民生活的場域，而希瓦則是一座失去靈魂
的古城，事實上，他只說對了一半，在古城的北半部，
仍是居民的生活空間，只是日間天氣炎熱，木門深鎖，
在高牆的隔絕之下，無法窺其堂奧，但只要傍晚
的時間一到，氣溫稍涼，夜生活才正要開始呢！
我在傍晚時蹲在人家的院子看阿婆做饢（nan,麵
包），也順便吃了剛出爐的饢！（阿婆塞給可愛的我）

阿婆手持圓板，
把圓板往熱烘
烘的坦杜爾壁面
一拍，麵餅就牢牢貼
在壁面上，烤熟後
再勾出來即可！

這個洞口可以通氣
及清理灰爐．

阿婆的女兒捍麵皮，並
用饢戳在麵餅上壓出
花紋，再抹點水，把麵
餅貼在木底布面的圓板
上面

71

7月14日 (一)　遇見星星女孩

（天哪?!這是天堂!!!）

（超冰!）

昨天那趟沙漠行程真的把我烤焦了，我在車站前面買了一瓶超級冰的礦泉水，大口猛灌，感覺置身在天堂，行經沙漠時，坐在車子裡的我，一直在想，怎麼之前在台灣買珍珠奶茶時，我都會要求『去冰』或『少冰』呢？我真是太不惜福了，我真希望現在可以把頭埋到冰箱……。昨天熱暈的我連想都沒想，就到古城西側入口附近的 Mirzoboshi 民宿去住（這是之前布哈拉旅館老闆介紹的!），沒想到又再進行另一次『悶爐烤肉』，

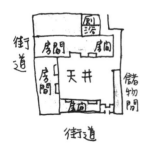

街道

房間　房間

房間　天井　儲物間

街道

這是一般民宅改建的民宿，通常民宅對外皆不開窗（靠街道的那一面不開窗!）只對中央的天井開窗，經過一日的陽光，房間裡簡直像個火爐，牆壁是燙的，床也是燙的，房間裡的電扇無力地轉著，吹出來的風是熱的，更可怕的是，原來天井裡那一排桌椅，不是給我們這種住房的旅客吃早餐用而已，他們用來當餐廳，招待團體旅遊的外國觀光客，我的門簾和窗簾都有縫隙，感覺隱私暴露，非常吵，所以我今天一早就換了旅館，換到德國背包客 Tino 介紹的 LaLi Hotel，價格一樣，最重要是～有冷氣！

Parvoz 餐廳在一個水池旁邊，價位有
比 west Gate 附近或古城內餐廳
便宜一點點，因為在大水池旁邊，所
以下午來這裡的涼亭用餐或喝茶，
喝啤酒，滿舒服的！旁邊的場地
有時租做婚禮会場，夜晚会有勁歌熱舞！

我住的 LaLi-Opa Hotel, 双房
每人每日 10# (含早餐，有
冷氣，衛浴公用，但很
乾淨！) 就在馬路邊，
但其實很安靜，
古城很小，住
在城外其實沒差
，房間數：四間，

LaLi-Opa
Hotel 〈箭頭P.87〉

老闆住隔壁
棟，不會互相
干擾，庭院共
用！dormitory
每人每日 8#

這間 Zafarbek Hotel 是那
種裝修得光鮮亮麗，房
間數頗多的旅館，但態
度市儈惡劣地讓人不敢
領教，老實
說，不貴，我
住得起，但我不屑住！
(怒！)

Dekhon
Bazaar

有鑑於古城 west
Gate 前的餐廳，商店，以
及古城內的餐廳，商店都
專門坑殺觀光客，我都到
Dekhon Bazaar 去買水，食物，
這裡也有餐廳，這個市集週
一休市，其他時間皆有營業，
不過下午兩三點就會散市！

Parvoz

North
Gate

Zafarbek
Hotel

West
Gate
〈主要入口〉

Mirzoboshi
B&B

East
Gate

South
Gate

Mirzoboshi 是我第一天住的旅館，
超熱，且一直不斷有人在天井庭
院出入，很沒隱私，早餐也給
得很隨便 (給一盤炸薯條，其
他則是買現成的甜餅乾！讓人
沒胃口！)

古城中有些景點是要另外付費才能進去，觀光客
的票價是本地人的四、五倍，我通常只是拉長脖子
從外面看一下而已 (因為之前已經看膩了……)，若想一
瞰古城全景，可考慮爬上 East Gate 旁小清真寺的喚
拜樓，不用錢，但最好上午去，不然拍照會逆光。

73

silibom

5678 Silibom... SUPER CARS
Aston Martin
Vanquish V12

1273
Aladdin

307
Aishwariya Rai
INDIAN STARS

這是當地小朋友很愛玩的紙牌,上面主要是印一些
韓劇人物、美國迪士尼卡通、印度電影等主角的照片,
還有小男生喜歡的汽車、足球,還有成龍Jacky chen哩!
不過這是小男生、小女生都很愛的遊戲!

很多小女生理
光頭,像個小沙
彌,小女生都有
戴耳環

這個小女生很厲
害!贏了很多紙
牌,都放在裙兜
裡,滿滿地!

好孩們把自己心
愛的紙牌用
皮夾裝好,男生
通常用塑膠袋裝!

打紙牌玩法

1° 每人拿出一張紙牌,疊好放
   在一起。
2° 以『剪刀.石頭.布』決定
   打紙牌順序
3° 猜拳最贏的那個人,
   可以把自己最想要的紙
   牌抽到最上方置頂(等一
   下才最可能打中!),掌心
   朝下,用力向那疊紙牌
   拍打下去,有跳翻成反面
   的紙牌歸自己所有,如果
   有未翻面的紙牌,則由剛
   才猜拳下一順位的人拍打。

74

紅腫！

嗚！

打紙牌是要有技巧的，不能用蠻力直接打下去（是指我啦！），而是要讓手掌微彎，拍打時會有活塞效應，紙牌才會順勢翻跳成反面，厲害的人同時贏走三、四張絕不是問題，小孩子都比我厲害，他們教我很多遍，我都還學不會，最

→ 這兩個小男孩在打架，因為其中一個偷偷把對方的一袋紙牌全部送給我，……，哇！嚇得我趕快還！

後他們放棄了，乾脆直接把紙牌送給我這個打到雙手紅腫還一事無成的可憐傢伙！

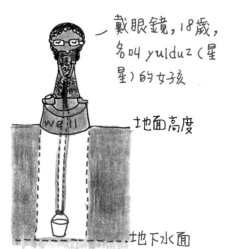

一戴眼鏡，18歲，名叫 yulduz（星星）的女孩

well

地面高度

地下水面

遇見星星女孩

跟小朋友玩紙牌玩累了，鄰居大姊姊經過，這個名叫星星的女孩和我閒聊了一會兒，原來她是觀光科系的學生，現在放暑假，她問我要不要喝水？開了木門到院子裡打井水給

我喝，因為怕小孩子掉下井，所以井口是蓋著的，只有較年長的孩子才可以打井水，我看井水不深，可見得地下水面滿高的，冰冰涼涼，但有點鹹鹹的。

星星女孩和一般的烏茲別克女孩不太一樣，她很瘦，不戴耳環，反而戴了眼鏡；在烏茲別克，一般人認為胖才是漂亮，且本地女人平常穿寬鬆洋裝，也容易讓人忘記保持身材，女生很小就開始戴耳環，連小女嬰都戴！但很少人戴眼鏡，據之前一個開眼鏡行的新疆女生告訴我，烏茲別克人不喜歡女生戴眼鏡，女孩子戴眼鏡容易嫁不出去，星星女孩邀我去她家吃晚飯，她媽媽做了馬鈴薯燉菜請我吃，配上親手烤的饢，以及熱茶，看著烏茲別克語配音的韓劇，好 local 的夜晚啊！

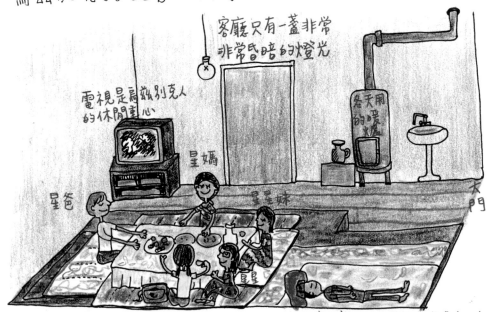

客廳只有一盞非常非常昏暗的燈光

電視是烏茲別克人的休閒重心

冬天用的暖火爐

星媽

星爸

星星妹

星星

大門

Yulduz's house

年事已高，一直躺著的星星祖父

76

在昏暗燈光下，好學不倦的星星辛勤地抄寫筆記

總在明亮燈光下，大口吃著洋芋片，看 DVD 的 peiyu

強烈對比的不同人生

到星星女孩家做客，我才明白為什麼星星女孩會戴眼鏡了？當夜晚來臨，星星家裡只點一盞燈，那盞燈，根本稱不上『昏黃』，只能說十分昏暗，忙完家事的星星只能在昏暗的燈光下一字字地抄寫筆記、念書，難怪會近視！她的筆記抄得真是漂亮，讓我十分汗顏，而且她很努力念英文，希望可以為自己創造改變的機會，一個連英文字典也沒有的女孩，珍惜著幾本印刷品質不是很好的文法及對話小冊子及老師批改過的作業本，想到在台灣，有時候班上學生訂了英文雜誌和 CD，卻連聽也沒聽就扔在一旁，而我自己也很少想過自己所擁有的資源是否過於豐富，擁有很多會想要更多，不知珍惜的結果反而是『得到愈少』，唉～我們真的過得太富裕了！

7月15日 (二) Khiva希瓦生存守則

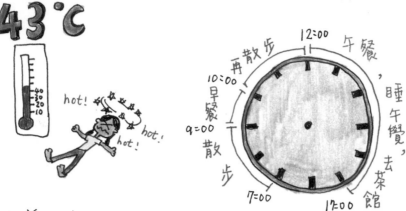

43°C

hot! hot! hot! hot!

12:00 午餐
10:00 再散步
早餐 9:00 睡午覺,去茶館
散步 7:00 17:00

之前在書上曾讀過一句
中亞流傳的古老諺語:
『我願以兩袋黃金的代
價,但求看一眼希瓦。』,
喔~,誰現在可以給我一杯
麥當勞加超多冰塊的大可樂或是

寫日記 0:00 ZZZ
深洗 天黑 21:00
繼續閒逛,吃晚餐 17:00

五十嵐加超多冰塊的珍珠紅茶,我願意給他兩
袋黃金!這裡簡直熱到爆炸,為了求生存,我改變生
活作息,清晨涼爽時先出門,中午過後就躲起來睡
午覺或去茶館躲太陽順便看書,傍晚陽光不強時,
當地居民出來活動時,我也跟著出門,天黑才回旅館,
其實,黃昏是逛古城最好的時間,因為斜射的陽
光會把藍綠色的磁磚照得很漂亮,團體旅遊的遊
客也散去了,古城的氣氛美得像一則傳說。

calligraphy 書法

一日大書法家 peiyu

星星女孩叫我今天上午10點6去她家，她說要教我烏茲別克語，我依約前去，但她有事到學校去了，一時趕不回來，她的家人不會說英語，也無法向我解釋得很清楚，我擔心也許不會有機會碰面，所以我拿出準備的毛筆、墨汁和紙張，在她家的桌上寫了書法，一張給星星女孩 yulduz，一張給她妹妹 Zebo，她媽媽指著時鐘上的刻度，要我晚上八點再去，星星就會在家，還可以一起吃晚餐。

下午，我跑去看當地婦女提水，當地並非家家戶戶都有井水，沒井水的人家會在下午三點到某個地下水道口，鑽進洞口，那裡有個出水口在下午三點會有水跑出來，真辛苦呀！滴滴皆辛苦。

晚上去星星家，她妹妹 ZEBO 用亮片和珠珠繡了一朵漂亮的花送給我，還寫了自己的名字，這是我所收到的感人紀念品之一，我可以感受到她竭盡所能表達出來的心意。

ZEBO

哇！

辛苦的家庭主婦

地面

79

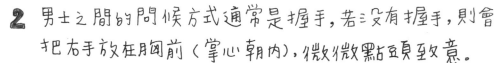

烏茲別克作客須知：

1 可以帶一份小禮物，主人會很高興

2 男士之間的問候方式通常是握手，若沒有握手，則會把右手放在胸前（掌心朝內），微微點頭致意。

3 進屋通常要脫鞋，如果在庭院的木牀或地上（已鋪毯子、靠墊），也要脫鞋，這裡灰塵很多，如果穿涼鞋，要注意襪子或腳底是否乾淨。

4 用餐前要先洗手。

5 要依指定位子入座，通常離大門或庭院入口愈遠的位置地位愈高，是輩份很高的長輩坐的，但有幾次我被叫去和長輩坐在一起。

6 有時（通常）食物和甜點會堆得像小山一樣，不要嚇到，沒人叫你要全吃完！（堆滿食物表示好客！）

7 進餐前，會由長者主持祈禱儀式，進餐後會做Amin 動作（P.48）

抓飯的上方會擺
上羊肉切片

抓飯：
PLOV

8 本地宴客必備單品：抓飯，吃的時候是用手直接抓取，抓飯會放在餐桌中間的大盤子上，很有『共享』的感覺，要用右手抓取。（左手被認為不乾淨）

抓飯小常識

油　米　洋蔥　胡蘿蔔　羊肉塊

一般家庭的抓飯是在小鍋裡煮,但是如果遇到節慶則會請人用大鍋子煮,在街頭餐廳也都是用這種大鍋子做抓飯;作法是先把羊肉用油煎炒,之後放進洋蔥、胡蘿蔔在鍋內炒,加盐加水,再把泡過水的米放進鍋內,用燜煮的方式,上桌之前會把羊肉塊切片擺放在抓飯上,這種抓飯有時也會加進葡萄乾或鷹嘴豆,全憑喜好;抓飯看起來油亮油亮地,而且很香,總讓我無法抗拒。(今晚星星的媽媽特地為我做了抓飯,我和他們一樣用手吃抓飯,入境隨俗,用手吃抓飯更有滋味)。

9

Shilin (好吃,烏語)
kusna(好吃,俄語)
dastarkhan

如果是席地而坐吃東西,他們會在地上鋪一塊叫做 dastarkhan 的布,當成飯桌,要注意不可以讓你的腳碰到這塊布,也不可以從這塊布上方跨過去;吃剩的饢(nan)通常會用這塊布包起來,下一餐再打開來吃。

7月16日(三) 市集漫遊與離情依依

市集漫遊新發現

整片的菸草
← tobacco

裝罐出售

nos

sorry!

用塑膠袋裝成小包出售

在市集中看到賣nos的大嬸，nos 是外觀呈黑綠色的粉末，是用整片菸草去磨，然後過篩而成，只有男人會來買，使用方法是倒一點點粉末，含在舌下（感謝隔壁攤位的大叔示範！），其中所含的興奮成份會加速血液流動並使心跳變快，可以振奮精神；不過我的手肘竟不小心碰到瓶子，它掉落地面並碎裂，雖然大嬸說沒關係，但我還是趕快問旁人價錢，趕快賠錢了事！實在很對不起！大嬸還教我一種饢（nan，麵包）新吃法，把新鮮蕃茄塗在饢上，非常好吃！

tomato

哇！有這種吃法啊！

↗ nan

82

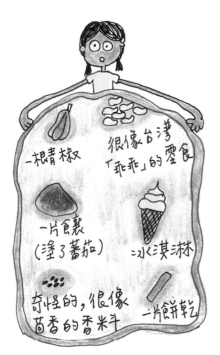

一根青椒

很像台灣「乖乖」的零食

一片食麵
(塗了蕃茄)

冰淇淋

奇怪的,很像
茴香的香料

一片餅乾

↓
這是 khoreum
province,是由阿
姆河沖積而成的三角洲地帶,
Urgench(扁爾根奇) Khiva (希瓦)
皆在此區域內!

沒看到
夏天
戴呀!

白色
white

黑色
black

夏 Summer   冬 Winter

我好像是市集裡的珍禽異獸,到處都有人和我打招呼、拿東西給我吃,這樣亂吃下去不拉肚子才有鬼咧!

天氣實在太熱了,遠在台灣的杜博士二人組又傳簡訊來要我多喝熱綠茶,並說此地所產的大毛帽據說隔熱效果很好,勸我敗一頂,殊不知我早就買了,不過我以為那是冬天戴的,我跑去問工藝品製作中心一個懂英文的年輕人,他告訴我,這種帽子是 khoreum 省的特產,冬夏皆可戴,夏天戴白色的,冬天戴黑色的,因羊毛很蓬鬆,空氣流通,夏天可隔熱,冬天可保暖!(對啊~地理課本上說非洲熱帶黑人多捲髮也是有隔熱效果!)

83

今天，有很大一部份時間是在星星家度過的，星星的媽媽還叫我明天不要去 Nukus 了，乾脆留下來！

星星教我下那種叫做 narada 的棋，我學會了！

星星的妹妹用亮片和珠子繡星星圖案給我

星星家的入口處，一進門就可以看到一塊用木頭架高的區域，上面鋪上地毯，並擺上靠墊、坐墊及桌子，這是全家人主要活動空間

星星的媽媽正在桿麵皮，要做一種叫做 barak 的蛋餃，呈扁平狀，用水煮熟

星星的妹妹很喜歡做這些刺繡的小玩意兒，又以她姊姊星星的名字為構想，用星星形狀的亮片串起一顆星星給我，在烏兹別克，女生較少外出工作，通常18歲以後，父母就開始幫女兒物色對象，烏兹別克的女人必須懂得烹飪、縫紉，以及所有和家務有關的事物，婚後會生好幾個小孩(三、四個很常見!)，因此青春易老。

84

今天在市集中看到很多食用油的罐子上都畫了
棉花的圖案，我很疑惑，問了星星，她告訴我
這裡的食用油都是用棉花籽榨的，榨油之
後的渣滓還可以做成洗衣皂；棉花和當地
人的生活十分密切，星星的媽媽見我很有興
趣，特地找來油罐、洗衣皂，並找來一棵棉
花示範如何摘棉花，在 9、10、11月，是棉花的
收成季節，所有的都要下田摘棉花，連學校
也停課，他們把大袋子綁在身上，彎腰摘
棉花，很辛苦；星星的媽媽手很巧，會用棉花
縫製靠墊，並用棉線編織襪子。

PEIYU 的地理教室　棉花為旱作，秋收時天氣須
晴燥，在乾燥的沙漠地區
若解決灌溉水問題，亦可種棉花 (ex:新疆)；在蘇聯時期，
烏茲別克被指定為重要棉產區，至今，棉花仍為該國重要出口作物。

85

星媽準備麥麵包讓我明天在路上吃

星星的爸爸在報業工作，每個月的薪水微薄，要維持一家大小的生活並不容易，所以他哥哥到俄羅斯去工作賺錢養家（然而，據我所知，這些到俄羅斯打工的中亞人處境並不好過，因為俄羅斯人認為他們的工作被這些人搶走！），雖然家境不富裕，但星星一家人卻很慷慨地和我分享他們的一切，當我開口稱讚他們家中的某樣東西，他們就要把那樣東西送給我，嚇得我再也不敢開口稱讚，以免他們整個家都被我搬走了！

星星說要給杯杯熊作伴的小狗

星星給我的便條紙

星星給我的指甲油

我在紀念品攤買了棉線織的嬰兒襪給杯杯熊當睡袋！

ФЕРУЗА

星星送給我她家人的照片做為紀念！

86

明天就要離開希瓦了，我利用傍晚氣溫稍降時，再走一回這座歷史古城，這裡是絲路商旅必經之地，也是赫赫有名的奴隸市場，豐富的收入讓這座古城得以矗立許多優雅美麗的建築。

木雕工藝更是在水準之上，我轉頭看見捧著瓜果的少年正在回家的路上，生活的節奏依然為這座古城注入靈魂，我又突然想起那句『兩袋黃金』的諺語，無論如何，我這幾天在這裡的體驗，是用兩袋黃金也換不來的。

LA'LI - OPA

Private B & B

Masharipov Zafarbek
Director

11 A. Rahmonov street
220900 Khiva town
Khorezm region
Republic of Uzbekistan

Tel: +998 62 375 44 49
Cell: +998 62 514 59 99
E-mail: lali_opa@mail.ru
Www: http://laliopa.by.ru

7月17日 (四) 前往 Nukus 努庫斯

今天很單純，純粹安排為『移動日』，本來想早點
出發的，今不小心在餐桌上聊太久，所以遲至10點才
啟程，還好路程不遠，大約下午兩點就抵達了！
和我在早餐桌上相談甚歡的是三個以色列背包客，
我們交換了一些對旅行和教育的看法，這幾
年在自助旅行的途中，我碰到以色列背包客好
幾次，其實，並不是因為他們國家人特別多，而是
因為以色列的年輕人，不論男女，皆要受軍旅生
涯磨鍊三年，三年當兵生活枯燥乏味到極點，
所以很多人服完兵役都會跑出來旅行、換換腦
袋；因為受過嚴格軍事訓練吧！他們不但堅強獨
立，生活自理能力也不差，帶了鍋子煮飯，三下兩下
就弄好早餐，還分給我吃！這三個以色列人給
我的感覺，一整個就是 "tough" 啊！

鹹海
Moynaq
Nukus
Biruni
Urgench
Khiva

Khiva → Urgench：小巴士÷25min，
　　　　　　　　每人700 som
Urgench → Biruni：小巴士÷40min，
　　　　　　　　每人2000 som
Biruni → Nukus：共乘計程車，
　　　　÷2hr，
　　　　每人7000 som

今天要前往的是受
烏兹別克管轄的自治
共和國 karakalpakstan
（卡拉卡帕克斯坦，
意為 black hat 黑帽子！）

88

Aral sea 鹹海

● Moxnaq
● Nukus

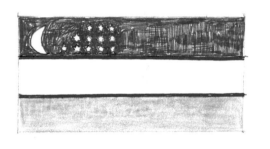

■ karakalpakstan Republic
（卡拉卡帕克斯坦自治共和國，省府為 Nukus 努庫斯）
30% 為 karakalpakstan 族
，30% 為烏茲別克族，
25% 為哈薩克族，另有俄羅斯族）

烏茲別克國旗，呈橫長方形，長與寬之比為 2:1，在藍色寬帶左側畫有 12 顆五角星，這 12 顆五角星代表烏茲別克的 12 個省，然而，除了 12 個省份之外，烏茲別克還包含了卡拉卡帕克斯坦自治共和國；這個自治共和國有自己的國旗，看起來和烏

茲別克的國旗有些相似，中間寬帶的顏色改成黃色，12 顆星星改成五顆。

karakalpak 族的血統和語言都比較接近哈薩克族，他們的臉孔比較像蒙古人，（老實說，來到這裡，看到他們，會誤以為遇到同胞，很想講中文！），這支民族在歷史上的記載是以捕魚和游牧維生，文化與很早就進入農業的烏茲別克族不同。

與中亞黑洞搏鬥(握拳!!)

...Welcome to the dark hole in Central Asia.

啊啊……

住進爛旅館有如掉進中亞黑洞!

剛開始到這裡旅行,就發現這裡路上洞很多,而且是莫名其妙出現一個洞,有的超深,卻沒有標示任何警告標誌,所以我都一直提醒自己,走路要專心,不要東張西望,以免一腳踩進中亞黑洞!(感覺這裡的人命很不值錢!)

然而,旅館卻也是另一種形式的中亞黑洞,私人guesthouse或homestay絕對是最好的選擇,因為他們做外國觀光客的生意,通常會提供乾淨舒服的環境,且價格也讓人感覺物超所值,然而,如果是政府經營的旅館或是從蘇聯時代就經營至今的私人大型旅館,保證是中亞黑洞,它們通常有美觀假裝氣派的外表,但是華而不實,喜歡搞些小動作,例如:選用看起來亮麗的窗簾,卻只為了遮掩掉漆、搖搖欲墜的窗戶。

而且，這種從蘇聯時代就經營至今的旅館，通常有些惡習，僱用一堆冗員但效率極差、本地人和觀光客收費標準不一，絕對讓你用貴得吐血的價格享受爛得吐血的設施，設施壞了通常不更新或修繕，只會做『外觀上的遮掩』；在觀光區，有很多私人家庭式旅館可供比較，但在觀光客較少的地區，就只能任憑自己掉進中亞黑洞，在 Nukus 努庫斯，我一看旅遊指南的介紹，加上旅館名稱冠上地名，我就覺得 Nukus Hotel 絕沒好事，果然，收了我 25 美元的天價，讓我快熱死且快被蚊子叮死，並且沒事絕不想走進浴室，不過，這只能說是個小黑洞而已，去年在烏茲別克和吉爾吉斯的闖蕩經驗，我覺得我應該有資格寫一篇『中亞黑洞特輯』，唉！如果中亞黑洞也是旅行中亞必要之體驗，那麼，一次就好，不用太多，去年是和旅伴一起出門，住進黑洞旅館還可以互相嘲弄作樂，今年一個人來，就只能在房間裡一肚子火。

中亞黑洞漏洞直擊！

洗臉台和馬桶用木頭支撐，搖搖欲墜！

蓮蓬頭不噴水，但蓮蓬頭以外的地方都噴水

須去廚房提熱水洗澡，最好自備鋼杯舀水沖澡

水流進浴缸排水孔多少，地板就積水多少。

馬桶蓋和水箱蓋宣告失蹤，未曾同時存在過

馬桶如果不漏水是奇蹟，我修了很多中亞馬桶

浴室門總是不能關，而房門是用老式的鎖，很難鎖，鎖到想踹它！

TV air condition **broken!**

電視和冷氣總是裝飾用無法運作

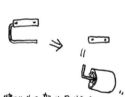

衛生紙架也是裝飾用，我現在已會利用繩子改良

earthquake?

牀會搖，發出噪音，讓你覺得半夜牀會垮下來

mirror

鏡子會使人身材變形，很像孟克的畫－「吶喊」

最恐怖，有一天馬桶上方的水箱掉下來，馬桶變成碎片

結論：水電工適合到中亞旅遊，並請加馬你的保險！

92

7月18日（五）很boring的城市，很棒的博物館

從旅遊書上的地圖，這城市棋盤式的格局，
呵！這是標準的蘇聯計劃性都市！之前已經
有其他背包客告訴我："Nukus is a boring city."
但我還是來了，Karakalpakstan（卡拉卡帕克斯土旦）自
治共和國經濟困頓，Nukus（努庫斯）身為它的
首府，卻讓人感覺不到一絲首善之都該有的繁
榮氣息，破舊廢棄的建築，荒涼空曠的街道
更顯寂寥。
我來這裡只有兩個目的，一是為了參觀本地頗富盛名
的博物館，另一則是由此地轉車前往 Moynaq（木
伊那克，一個見證鹹海浩劫的廢棄漁村）。

МИНИСТЕРСТВО КУЛЬТУРЫ ККАСС
Каракалпакский Государственный
музей искусств им. И. В. САВИЦКОГО

СЕРИЯ ВХ - 401

ВХОДНОЙ

БИЛЕТ № ○00799

3000
應是6000-
Цена 05 коп.

Savitsky Karakalpakstan
art museum（票價浮漲至6000som）

這個名為Savitsky
art museum（
沙維斯基美術
館）果然沒有
讓我失望。
→傳統服飾上
的刺繡！

93

這座美術館，猶如沙漠裡的玫瑰，璀璨無比。除了紀錄 karakalpakstan 族往昔游牧及漁獵生活的常民工藝品 (ex：刺繡、金工、陶藝......) 之外，最珍貴的，是這裡收藏了蘇聯前衛藝術 (Avant-Garde Art) 作品。蘇聯時期，前衛藝術是被嚴格禁止的，Igor Savitsksy 不顧風聲鶴唳，冒著生命危險搶救了好幾萬件藝術品，這些前衛藝術家在蘇聯的整肅之下，大多遭受迫害、失踪、死亡、或送往勞改營，我在這些珍貴作品中，看見那股不怕死、不妥協、來自生命的吶喊！

Arkadiy Stavrovskiy 所畫的 Night of Anguish

Vladimir Lysenko 所畫的 Bull

Igor Savitsky 本人的照片

驚嘆連連...

天啊！這些畫太讓人驚奇了！

(更多資訊在 http://www.savitskycollection.org)

7月19日(六) 前進木伊那克 Moynaq

由 Nukus → Moynaq
交通方式：搭巴士最省錢
在 Nukus 市區的
Bazaar 可以搭，12:30
發車，每人 3500 som

4hr 車程

我今天提早在土點就先拖行李到 Bazaar 去，因為我實在不確定在哪裡搭車？想先去問一下，再找個地方坐下來等，但沒想到我一到 Bazaar，就看到標著 Moynaq 的黃色巴士已停在那兒，而且有個大嬸叫我趕快上車用行李佔位置，因為等一下會很擠！果然，到了出發時間，這輛巴士把空間利用到極致的能力，真令我大開眼界！而且最神奇的是明明是台擠滿貨物及至少四十名乘客的小巴士，但是每個人就是有辦法坐下來，沒有人站著，光是司機座位旁的引擎蓋就擠了五個大人、3個小孩及兩個嬰兒！

tomatoes
用木籃裝的蕃茄，半途中還一度垮下來，但很快就被眾人復原！

相信我，這裡有一台新冰箱
refrigerator

So crowded !

eggs   watermelon

Amazing!   95

從擠滿人及貨物的小巴士，我就猜想我要前往的，應該是一個物資缺乏，鳥不生蛋的地方，還好我已經先買好一個大饢及礦泉水，四個小時的車程，把我從城市帶往鄉村，建築物的高度愈來愈低，也愈來愈稀疏，隨著車子的行進，兩旁的綠樹消失了，取而代之的是低矮的灌木叢和類似木麻黃之類的矮樹，這象徵著土壤愈來愈貧瘠，且鹹海的後退，可能使這裡的土地含有鹽份。我猜本地人可能覺得我們這些觀光客瘋了，到這種鬼地方做什麼？ Moynaq 木伊那克是鹹海後退之後的廢棄漁村，我來這裡，只為了看一眼 discovery 頻道中傳說的「船墳場」！抵達之後，住進鎮上唯一的旅館，我輕裝往舊海岸線的方向走去。

Oybek Hotel：每人每日 10000 som，沒有自來水，但簡單乾淨，此鎮無餐廳，但可請旅館代做餐點，味道不錯，每份 3000 som，有沙拉，主菜，nan 和茶。

這個紀念碑是最佳眺望地點

這應該是舊海岸線，和昔日的海底落差很大

船在此！

96

沒別的了，只有荒涼與孤寂……。

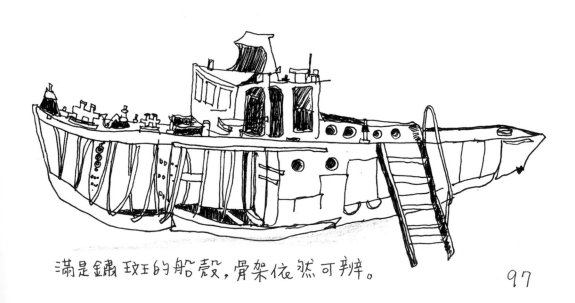

滿是鏽斑的船殼，骨架依然可辨。

Aral Sea (鹹海)曾是世界第四大湖,如今面臨逐漸縮小,甚至消失的危機。

注入鹹海的兩大河川分別是發源天山山脈的 Syr Darya(錫爾河)和源自帕米爾高原的 Amu Darya (阿姆河),然而,前蘇聯時代在中亞乾燥區推廣棉花栽培,興建許多水壩及運河,引用河水做為灌溉及發電之用,流入鹹海的河水量減少,導致鹹海面積縮小,水位下降;此外,錫爾河、阿姆河三角洲濕地消失,生態破壞,湖水

圖例:
- 1960-1971 消失的湖面
- 1971-1976 消失的湖面
- 1976-1994 消失的湖面
- 1994-2000 消失的湖面
- 2000後的湖面

0 50 100公里

PEIYU 的地理教室

鹽度增加,魚類滅絕,乾湖床上的沙塵飛散到大氣中,污染周遭環境,使地表「沙漠化」,空氣、水和土壤受鹽類污染,導致農業衰退,並出現周圍地區夏季更短而乾熱,冬季更長而乾冷的氣候變遷現象,且發展灌溉農業所使用的農藥危害居民健康。

不知道為什麼，我很喜歡這個感覺是在世界邊緣的
廢棄小漁村，同行的法國夫妻也這樣覺得，早上我們
在餐桌上聊起，我說我喜歡這個旅館的房間，雖然
這是一間連自來水也沒有的旅館，房間裡只有一張
床、一張桌子、一張椅子，地上鋪了一張素雅的地毯，

99

窗簾是淡淡的藍色，把落地窗推開，每個房間都有一個露台，視線穿過庭院的樹，樹之外的籬笆，更遠處什麼都沒有，只有一幅天寬地闊的景象，法國太太說，在現代社會生活的人，擁有的東西太多了，而這裡每一樣東西都很簡單普通，你什麼都沒有，只是靜靜地喝一口茶，聆聽風吹過樹梢的聲音，她說昨天夜裡看著寧靜的夜空，覺得心裡好平靜……，我想起昨夜，我們八點吃晚餐，九點用餐完畢時，太陽剛好落下，星星一個個亮了，我們什麼話也沒說，我，法國夫妻，旅館的2個工作人員，以及另一個一整天都在睡覺的背包客，在前院的長條椅及木床上，或坐或臥，用最舒服的姿勢蜷曲著自己的身體、把心安頓下來，來茲別克這三個星期，我總覺得他們是一刻也安靜不下來的民族，不是把音樂、電視開得漫天作響，就是圍在一起嘩啦啦地聊天，然而，在這一刻，那些聲音的插頭都被拔掉了，一切都趨於寂靜，只剩我和天地共存，我抬頭看著搖晃的樹影，在深藍帶點紫色的夜空中，樹的翦影、籬笆的、房子的、人的翦影統統是黑色的，剎那間我突然想來做一張剪紙，紀錄這個時刻。我猜安徒生一定常常在夜裡端詳這個世界靜下來的模樣，才能做出那樣奇特的剪紙。

P.99

100

7月20日(日) 離開木伊那克 Moynaq

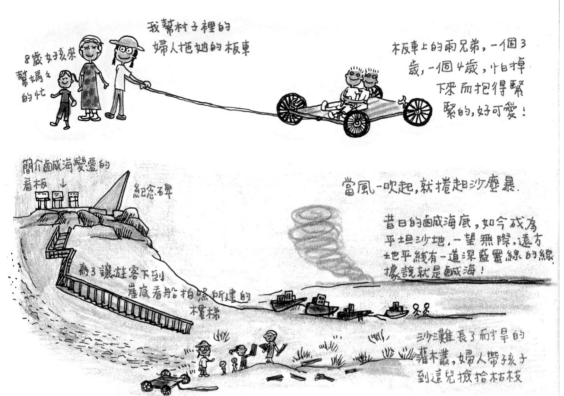

8歲女孩來幫媽媽的忙

我幫村子裡的婦人拖她的板車

木板車上的兩兄弟,一個3歲,一個4歲,怕掉下來而抱得緊緊的,好可愛!

簡介鹹海變遷的看板

紀念碑

為了讓遊客下到崖底看船拍照所建的樓梯

當風一吹起,就捲起沙塵暴.

昔日的鹹海底,如今成為平坦沙地,一望無際,遠方地平線有一道深藍墨綠的線,據說就是鹹海!

沙漠難長了耐旱的灌木叢,婦人帶孩子到這兒撿拾枯枝

我猜想,在這兒的生活應該是很辛苦的,因為這一帶的土地相當貧瘠,風沙也很大,我來不到一天,就消耗掉三瓶礦泉水,可見得有多乾燥了!在這裡的居民何以維生呢?我在路上遇見一位婦人,拖著板車往舊海岸線的方向走去,我跟著他們沿著沙丘陡坡依稀可辨的『路』走下去,原來他們到這裡撿拾灌木叢的枯枝回家當柴燒,連3、4歲的小孩都懂得用小手拾起小樹枝,幫媽媽的忙,他們的身影和不遠處拍照的觀光客形成強烈對比,我把裝在水壺的綠茶和他們分享,之後加入撿柴的行列。

101

由 Moynaq 到 Nukus 的巴士,一天
只有兩班(早上9:00及下午3:00),
車程要 四小時,雖然我真的
很想在這裡多待一天,但今天
下午我非走不可,否則明天中
午會趕不上已經訂位的,由
Nukus 到 Samarkand (撒馬爾

臨行密密縫……

(此時怨恨起以前家政課很混!)

罕)的火車;中午時,我躺尚在旅館前院的長條椅上吹
風聊天,沒想到褲子竟然被勾破,已經不止一次被
勾破了!中亞真是危機四伏。回到 Nukus 時,憑著
法國夫婦給我的資訊,我住進另一間設備完善的
旅館,感謝上天,紗窗讓我擺脫群蚊攻擊。

TEL: (+99 861) 2221100   jipk_hotel@rambler.ru
www.aimtour.kr.uz
→ Jipek Joli Hotel (pzaev street No.4)
→ Savitsky museum (沙維斯基博物館)

費用:每人30~40美元,但我殺到25美元,有早餐.
附衛浴,TV.很涼爽,沒蚊子

Dostlq
Pazaev
Tatibayev
Rashidov (Lenina)
BAZAAR

7月21日 (一) 漫長的火車時光

地圖形狀
好像恐龍喔！

呃

Nukus 努庫斯

撒馬爾罕
Samarkand

搭火車，共16小時左右
買的是一等車廂的軟臥人
四人一包廂，票價 35100 Som

P.S座位號碼若
為單號，通常在
下舖，出入較方便

on the train
from Nukus to
Samarkand

dinner

egg(boiled)   tomato   cucumber

nan
(bread)   candy   chay
(tea)   onion and
potato
(fried)

選擇火車做為
穿越沙漠的交
通工具，真的比
搭巴士或 shared
taxi 舒服，而且
和我同包廂的家
庭不停地請
我吃東西，他
們真是不怕麻煩，還炒
了洋蔥及馬鈴薯，用玻璃
罐裝好帶上火車，我大吃
大喝完畢，就呼呼大睡！

7月22日 (=) 撒馬爾罕的墮落時光開始！

on the train from Nukus to Samarkand

昨天，除了一次站起來搶拍沙漠裡『草格固沙』的照片，而把窗簾整個扯下來之外，大部分的時間,我都在睡覺,不然就是吃東西！(草格固沙是避免沙丘移動的一種水土保持方法,我想拍來當教材！卻把人家的窗簾整個扯下來,真扯！),雖然睡得很飽,但也因日夜溫差大而不小心感冒了,所以我決定不直接前往Boysun,而是到撒馬爾罕一處背包客聚集的旅館墮落幾天再說。

picture 草格固沙

B&B BAHODIR

Legend:
1. Registan
2. Museum
3. Bibi Khanim
4. Tea-house "Chorsu"
5. Hospital

Registanskaya str.
Tashkentskaya str.
Mullokandova str.

Address: 132, Mullokandov str.
Samarkand 703011 Uzbekistan 8 (366) 2385529
Phone from abroad: +998 (3662) 358529
from within Uzbekistan: 8 (3662) 358529
8 (366) 2312543

冰塊上蓋了一塊布
防止快速溶化

刨刀

qirgich

用一桶水洗全部盤子

這裡的棉花糖
是做成像衛生
紙捲那樣的
形狀,用大鐵
盤裝著賣

我覺得烏茲別克是一
個反差很大的地方。很
多現象都有強烈對比
,例如:傳統與現代,
貧窮與富裕,這些差異
在大城市中尤其明顯。比如在撒馬爾罕的街頭有汽車
呼嘯而過,卻同時也有驢車緩駛⋯⋯;每個小朋友的
童年差異也存在著,有的小孩必須負擔家計(這兒的收
入很低,例如:博物館工作的婦女只有50美元月薪,所以
根本無法養家!),小孩有的賣冰、賣棉花糖,我看見
街角賣冰的兄弟檔合作無間,當哥哥刨冰時,弟弟就
負責扶住冰塊,來買刨冰的小孩吃得眉開眼笑地,
一碗冰是一個夏日天堂,這是生活在物資豐裕社會的
我們無法想像的,小兄弟偶爾會斥責加太多糖水的貪
心小孩,卻慷慨地免費請我吃刨冰。

在撒馬爾罕，
我最喜歡的
古蹟建築，不
是氣派宏偉的
Registan 拉貢
斯坦廣場周圍
的神學院，而
是一座叫做比比

哈藍的清真寺（BIBI-KHANYM MOSQUE），這兒的庭院很
安靜，坐在高大樹木的綠蔭下，聽著鳥兒啁啾，以及
風吹過樹葉的沙沙聲，被歲月模糊了的雕刻中，
透露著一種亙古的情懷。

在庭院中央，有一個以石頭為基石的台座，有人在底
下鑽來鑽去，原來這是一種求子的動作，正確步驟
是這樣的：

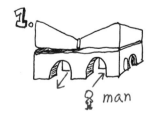 

男生鑽右邊洞口，右進
左出；女生鑽左邊洞口，
左進右出！

兩個人一起逆時針繞三圈，
心言成則靈喔！

Timur 帖木兒

Bibi khanum 比比比
哈藍

據說,帖木兒遠征印度時,
他的妻子比比哈藍想給丈夫
一個驚喜,所以請一位波斯
建築師建造這座清真寺,接近
完成之際,建築師拒絕繼續
建造,除非公主(比比哈藍是中
國公主)給他一吻,公主只好答
應......,帖木兒回來後大怒,
建築師嚇得逃跑,公主從
塔頂躍下而死,帖木兒從此下令婦女必須蒙上面紗,
以免誘惑其他男人。

Shahr-i-Zindah
這是一處陵墓群,也是在撒馬爾罕
我很喜歡的一個地方,藍色磁磚讓人驚歎地說不出話,
我躲在一個小木門旁,一邊聽著可蘭經的祝禱聲,平靜有
耐心地完成這幅畫。

7月23日（三）趕集小血拼

今天很神奇地竟然下雨！

Samarkand 撒馬爾罕 ●●Urgut

Urgut 在週三、週六及週日有市集，其中週日市集規模最大，可以在 Registan 拉賈斯坦廣場旁邊的大馬路上搭迷你巴士前往，車程約 45 分鐘，車資 1000 Som，沿途盡是鄉間景色。

在撒馬爾罕 Registan 廣場周圍的藝品店有賣很多彩色的 dastaraha 及 sozana 刺繡工藝品，可以當桌布或掛在牆上當裝飾用，十分美麗，不過那些店都把價格抬得很高，所以我打算到一個小村落的市集去買，那裡很少觀光客會去，所以可以用很漂亮的價格買到漂亮的布，去年我買了兩條，超後悔沒有多買幾條，應該批一些回台灣賣才對！

不過，還沒買到東西之前，我很想上廁所，所以，我在 Urgut 終於上到了本次旅程的第一個『中亞黑洞廁所』，該來的總會來，以後機會還很多！

洞有點大，好怕掉下去喔！

no door!

ТУАЛЕТ（toilet） M（男）Ж（女）

僅以矮牆隔開，地上有『沒對準』的黃金！

108

接著，我在文具攤位買了這裡的小朋友上學用的作業簿，(一本只有50 som，有不同顏色，裡面的格子形式也不一樣!)，嗯～貼在日記本上，滿特別的，可以貼或寫一些東西上去!(後來是當成貼郵票使用!)

這個市集較少外國觀光客會來，所以我只要一停下腳步，就很容易被群眾圍觀，不斷地被討論!

"Jumong"這齣韓劇現在在烏茲別克正紅，每個家庭晚餐時間必定收看，他們以為我是韓國人，不斷地指著我說"Jumong"，真是電視看太多了!

⬇ 這才是Jumong，連小朋友玩的紙牌上也有。

韓國貨對烏茲別克人而言，並不陌生，這裡matiz汽車滿街跑，至於電器、手機更不在話下!

109

7月24日(四) 你會說中文嗎

　撒馬爾罕沒有 tourist information center,但我住
的這間旅館簡直就是 information center,餐廳的
牆上貼滿了來自世界各地背包客的紀念品和明信
片,這裡供應早.晚餐(晚餐2美元,由沙拉.主餐.水
果.茶-應俱全,每天不同主餐!),每天晚上7點半用餐
時間,那張長餐桌可比美聯合國,熱鬧非凡,下
午時間則供應免費的茶.餅乾.水果,大家閒適地
在庭院的沙發或木床上聊天。

我去年在此留下的手
繪明信片還在牆上!

To. Bahodir B&B　2007. 07. 18

這次來烏茲別克之前，我曾經想過一個問題：我究竟是要來看死的東西？還是活的東西？因為我查了一些網站和書籍，我發現大家來這裡，都是看陵墓跟無數的清真寺，而這就是烏茲別克嗎？我相信不全然是，那些只是一小部分，而且是屬於過去歷史的一部分，我想要看其他的部份！特別是那些生活的氣味，旅行對我而言，是換一個地方生活，我只想慢慢走、慢慢看，昨天下午，我和幾個背包客在庭院蔭涼處各自做自己的事，偶爾搭上幾句話，我做著完全不用大腦的機械性著色動作，奧地利單車手在他那本包著真皮的手製筆記本上奮鬥，努力回想發生的事情，並有感而發地告訴我們：『發生的事情太多了！好容易忘記！』，他一邊寫一邊講故事給我們聽，日本人說他無法持之以恆地寫日記，以色列人摸摸頭，打開日記，說：『哈！原來我的日記特色是 empty！』，我們哈哈大笑！

日本人

奧地利單車手

以色列人

我

113

可能是因為這裡的環境太讓人放鬆了，也可能是大家的旅途都太勞累了，一放鬆下來，才會發現自己生病了，有很多背包客都有腸胃問題，而我則是因為之前搭夜鋪火車穿越沙漠，日夜溫差太大，所以感冒了；有人在這裡一住就是很多天，很多單獨旅行的人可以暫時在這裡找到聊天的對象，等上路時，離開這間旅館，又是一個人了！

除了之前在塔什干遇到一個會說一點中文的新疆維吾爾族阿公（但鄉音很重，無法聊天！），此外，這一路上，除了自言自語之外，我沒有機會開口說中文，然而，沒想到，在這間旅館，我竟然可以同時和三個背包客用中文聊天，他們說起台灣，就提到電腦和單車ex：捷安特、美利達（感謝台灣除了國會打架之外，還有讓人印象深刻的事！），後來，我們四個人一起教一個即將到中國旅行的以色列人一些實用的中文短句。

擅長漢語拼音的法國青年協助註記漢語拼音，（學漢語兩年）

常一頭霧水，但很想學會的以色列人 ↓

深知發音困難處的澳洲女生指導發音密訣！（在四川待過）

甜美日本女生適時補充修正

①我是以色列人 ②這是什麼？
③××在哪裡？④廁所⑤你好⑥好吃⑦謝謝⑧再見
⑨太貴了⑩是⑪不是⑫護照⑬聽不懂⑭多少錢？

中文可真是火星文啊！

由我在紙上寫下實用短句（中英並列！）

114

烏茲別克民居看一看！

木頭模框

泥土

乾草

其實，不只在烏茲別克啦！在中亞其他地區也用泥磚蓋房子！

在烏茲別克的市集有賣一種木頭模框，當地人用黏土和雜草加水混合成泥漿，灌進模框中製成泥磚！之後放在太陽底下晒乾，乾硬堅固的泥磚由下往上堆砌成厚牆，這是烏茲別克鄉下常見的泥磚土屋！有些人家會在土牆外側塗上一層黏土，講究一點的還塗上灰泥並加上裝飾。

民宅建築總是以高牆圍起一個世界，在高牆圍起的口字形格局中，中央庭院通常種了果樹及蔬菜、香料等，供應日常生活所需，因為和鄰居隔著高牆，為方便和鄰居交流，有的人會在牆上開一個小窗戶，透過小窗戶和鄰居聊天；也有人在臨著街

magzin（雜貨店）

道的牆加開一扇窗，成為對外營業的小雜貨店。

115

7月25日 (五) 認真參觀景點

明天要離開撒馬爾罕, 因此, 今天認真看一些景點建築.
這是撒馬爾罕最有名的建築群, 廣場周圍有三所伊
斯蘭神學院, 風格受波斯風格影响, 可以看到以
彩瓷拼貼而成的禽獸圖案.

The Registan 雷吉斯坦廣場

Gari Amir Mausoleum
　　　　帖木兒陵墓

Mausoleum

在 Bi-bi-khanym Mosque 對面

Rukhobod Mausoleum

Bibi-khanym Mosque 的圓頂

昨天晚上教以色列人一句非常實用的俄語，保
那就是 YA-NE-PONE (聽不懂)，這裡的人很奇怪，
我明明己經說自己不會俄語也不會烏茲別克語，他
們還不死心一直叫拉叭啦問我問題，還以為把
速度放慢，重複很多次，我就會聽懂，怎麼會有這
種想法咧？這句 YA-NE-PONE 我今天開始使用，
每次都笑翻一堆人，這句話很好用，應該建議
旅遊書要列進去。

中文時，他教我一證每天會用到一萬次，

今天心情不太好，花很多時間去問明天到 Boysun
的交通問題，卻一事無成，明天只好土法煉鋼式
一站站銜接，一想到要轉三四次車就頭痛，而且
明信片也沒寄，旅館老闆忘了我說要換現金的
事情，所以晚上我也沒換到錢，這個糟糕的問
題明早得先解決，但我七點要去坐車，去哪換錢
呢？傍晚下了一場大雷雨，今晚我要向阿拉祈禱。

117

7月26日(六) 暈頭轉向的轉車日

（我再一次親做卡片送給旅館）

今天要離開撒馬爾罕了，我做了謝卡給旅館，在早餐桌上和其他背包客道別，老闆的兒子去黑市幫我換了錢，帶著厚厚的鈔票和祝福，我踏上了辛苦的轉車路程，也許是昨晚祈禱有效，今天好多天使幫助我。

起點： Samarkand

Samarkand → Shakhrisabz 共乘計程車，1.5hr，每人5500 Som ；沿途依著山勢盤旋而上，等到眼前豁然開朗，一片綠野平疇，目的地到了

Shakhrisabz （意為『綠城』）
Shakhrisabz → Guzar，共乘計程車，1hr，每人3000 Som，有個年輕人不但帶我去找車坐，還堅持為我付車資。

Guzar

Guzar → Sairob，大巴士，3hr，每人2000 Som，有個阿公帶我去找巴士坐，原來這巴士是由撒馬爾罕開往特美茲，12:00會經過Guzar，早知道我早上在撒馬爾罕坐就好了！笨蛋！

Dekkhannabad

Derbent

Boysun　終點

Sairob

Sairob → Baisun，0.5hr，每人2000 Som，共乘計程車

118

其實，我走的路線是當年玄奘西遊取經的其中一小段，我讀著由<u>大唐西域記</u>中截取下來的部份書頁內容，從字句裡去想像他當年不畏道路艱難、千里跋涉的勇氣，呵～一千多年之後，我來到這裡，我和古人看的是相同的風景嗎？

地名	在大唐西域記一書中的形容
Samarkand 撒馬爾罕 ⇨	『颯秣建國，周千六七百里，東西長，南北狹。國大都城周二十餘里，極險固，多居人。異方寶貨，多聚此國。土地沃壤，稼穡備植，林樹蓊鬱，花菓滋茂，多出善馬。機巧之伎，特工諸國。氣序和暢，風俗猛烈。……』
Shakhrisabz 撒赫里撒別茲 ⇨	『羯霜那國，周千四五百里。土宜風俗，同颯秣建國。從此西南行二百餘里，入山。山路崎嶇，谿徑危險，既絕人里，又少水草。……』
Derbent 德爾班 ⇨	『鐵門者，左右帶山，山極峭峻，雖有狹徑，加之險阻，兩傍石壁，其色如鐵，既設門扇，又以鐵鋦，多有鐵鈴，懸諸戶扇，因其險固，遂以為名。……』

玄奘

嘿！我跟來了！

筝筝！

記得之前剛從西邊沙漠風塵僕僕地抵達撒馬爾罕時，我覺得撒馬爾罕好富裕，綠得讓人眼睛一亮；而今天坐車離開撒馬爾罕，我又見到另一番風景，車子穿越山嶺，天地壯闊，一大片乾草原無邊無際地開展延伸，路兩旁的房子有矮矮的牆，大大的院子，有別於我之前見到的烏茲別克民居，以往看到的民居都是以高牆圍起，顯得高深莫測，而這裡天寬地闊，渺小的人類，在大自然面前，就這麼攤開一切了！巴士氣喘吁吁地爬上高坡，行經 Derbent（德爾班），哇！果真如書上所寫的：『其色如鐵』，兩旁不同層次的紅色岩床裸露，氣勢磅薄，深紅淺紅，甚至和黃土揉合成淡淡的粉紅，看得我目瞪口呆，就算要去的 Boysun 小鎮很鳥，但光是這沿路風景，也就值得了！（有一種賺到的竊喜……ㄅㄅㄅㄅ）

掉進中亞超大黑洞

Zachuca 旅館，隱身於一片樹林之後，破爛到可以列入鬼屋

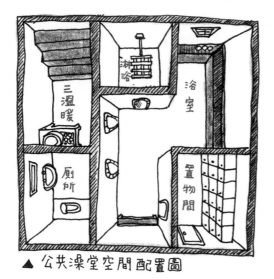

▲ 公共澡堂空間配置圖

（圖中標示）
三溫暖　淋浴　浴室　廁所　置物間

Boysun是個被 UNESCO（聯合國教科文組織）列入『人類口述及無形世界遺產』的地區,不過很少觀光客會來這裡,這裡唯一的旅館害我痛苦指數飆高,門和紗窗都有破洞,衣櫃及桌椅搖搖欲墜,地毯和床單蒙上一層灰,旅館沒有水,要洗澡,得走五分鐘到鎮上的公共澡堂去洗。衰神附身的我今天才知道,我想參觀的那間博物館要等下週一才會開,開雜貨店的 Malica 阿婆心疼我住鬼屋 Hotel,她極力邀請我去住她家。

Malica（瑪莉卡阿婆）

Malica阿婆的 Magzin（雜貨店!）

7月27日 (日) 在 Boysun 無所事事

這是2007年發行的Boysun紀念郵票

造訪 Boysun 的最佳時機是在五月,因為這裡會舉行稱做 "Boysun Bahori" 的節慶盛宴,這是由 UNESCO 贊助+協力舉辦的文化慶典(詳情在 www.boysun.uz)可以看到許多傳統歌謠,舞蹈表演,因為工作的關係,我不可能在五月有時間前來,但我真想看看節慶的盛況,這個小村莊不大,但根據我在塔什干書店看到的書籍介紹以及網路上查的資料,這裡的文化源頭十分多元,揉合了祆教、佛教、伊斯蘭教,以及早期對自然充滿敬畏之心的薩滿信仰....等,許多古老習俗及儀式世代相傳,至今仍被沿用,常民文化如歌舞、編織、刺繡、陶器等更具有其獨特性,一代代地流傳下來,2001年,Boysun 被 UNESCO 列入『人類口述及無形世界遺產之一』,出錢出力,由專家學者+協助文化記錄及保存工作。

我想看的,到底是怎樣的 Boysun 呢?但這裡的確很不一樣,穿古裝的人好多,讓我目瞪口呆!

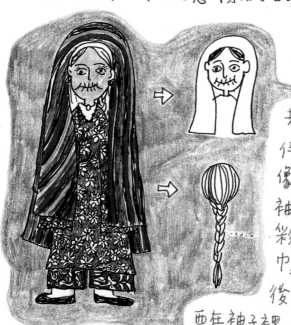

老阿婆的裝扮是會披一件彩色直條紋看起來很像衣服的布(我有看到很像袖子的部份),進屋後,那條彩絲布拿掉,仍包有白色長頭巾,頭髮則紮成長辮垂在腦後,袖口很寬(阿婆會偷藏東西在袖子裡,還不小心掉出來!)

背面

老阿公的裝扮,有的用白色或淺藍色長巾把頭纏起來,留一部分帶子垂在腦後;有的戴著傳統的四角形黑色帽子 doppi;罩著長長寬寬像風衣的大衣,通常不扣扣子,有時腰中繫著彩色絲巾,仙風道骨,有的騎在馬盧上,真像在演古裝劇!

123

也許真的是衰神附身吧！十博物館看起來好像在整修，不知道到底星期一會不會開？我在附近徘徊，結果發現門沒關，阿公招手叫我進去，發現裡面真的好

Boysun museum

像在大興土木，每個小房間都鎖著，但看著門上貼的英文標語『染色工作室』『編織工作室』……，我猜那裡一定藏著神奇寶貝，真希望可以有那些門的鑰匙！

又再路過 Malica 阿婆的家，她叫我進去喝茶吃東西，她要我別再住那間破旅館了，到她家作客，她要殺羊給我吃！

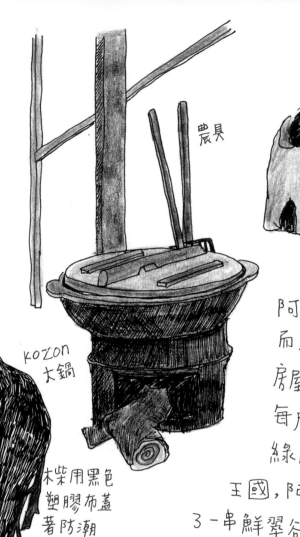

大鍋子

tandir
（泥爐）

農具

kozon
大鍋

木柴用黑色
塑膠布蓋
著防潮

阿婆家的花園比房子大，
而且大上好幾倍，這種
房屋格局在此地是常態，
每户人家都好像藏在
綠蔭叢林間的花果山小
王國，阿公還爬上梯子，摘
了一串鮮翠欲滴的葡萄，用冰涼
的泉水先泡著，再擺上桌讓
我品嚐最新鮮的滋味！

通道搭了葡萄藤架，結實累累

頂部加蓋的通風涼亭

房間 房間 大客廳 廚間
廚浴
菜園
花圃
果樹
水槽
大門
馬路
廁

這個側邊小房間對外
開了窗，是阿婆經營的小雜貨
店，為了進出方便，也多鑿了一個小門
不過對阿婆龐大的身軀而言，
鑽進鑽出有點辛苦！

一角有開放式廚房

擺放農具處，
有兩個泥爐。

125

7月28日(一) 宰羊宴客吃大餐

因為旅館的紗窗破了一個大洞，我被不知名小蟲襲擊，奇癢無比，加上公共澡堂週一～週四不開，我無法洗澡會很痛苦，所以我一大早就拖著行李火速搬到瑪莉卡阿婆的家，這間鬼屋旅館能讓我想到的，只有從紗窗破洞望出去的星空最美！

到瑪莉卡阿婆家時，家裡的大鐵鍋已經沸沸滾滾，那隻羊已經被宰了下鍋，阿婆還騙我說那一整鍋都是要給我吃的，什麼！真的嗎？(我嚇得反應很激烈)，當然不是真的啦！

126

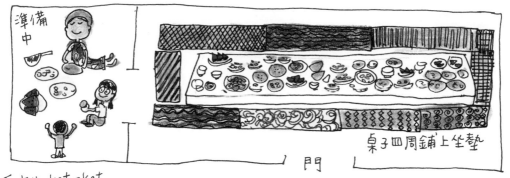

準備中

桌子四周鋪上坐墊

門

Fatup-kat-kat
多層次的大餅(切塊)

nan

香瓜　西瓜

餅乾

katyk (优格)

乾果

葡萄及蘋果

牛肉　香菜

馬鈴薯

胡蘿蔔

shuzwa

主菜

原來今天瑪莉卡阿婆家要宴客,請親朋好友及鄰居吃飯,所以宰羊來煮湯,女人們忙進忙出地做準備,連鄰居的主婦也來幫忙,小孩則在旁邊鬼頭鬼腦地偷拿東西吃(我也有吃!),主要宴客地點在大客廳,容納五十人沒問題,男人們在此用餐,桌上的餐點擺放也較正式,而且視覺上一定要擺得非常豐盛,才能顯現主人的誠意;女人則被安排在戶外的平台上吃東西,閒話家常。

127

henna

usma

在切等一下要放
在羊肉湯上的
香菜

129

還好，在這裡，我不算太美......

　　阿婆的女兒用縫衣線扯在兩姆指之間，為我修眉，再用usma把我的眉毛染成『一字眉』，原來usma的使用訣竅是要沾取適度的量，染在眉毛上時，綠色汁液呈現『可以緩緩流動，但不致於滴下來的狀態』，然後左右搖晃腦袋，讓usma在眉間緩緩流動，這樣染出來的顏色才會均勻漂亮，略乾後再上第二、三、四次，就可以染得濃黑漂亮，連上下兩排睫毛也可以染！

眼睛大、眉毛濃粗黑（因為懶得修眉毛！）的我，在這裡被誤認是烏茲別克人一百次了，而且常被說是美女！（哇哈哈！真開心！）不過，如果要說是美女的話，我還不夠格，因為這裡的審美條件有些不同！

例如：胖即是美！
① Fat = beautiful

130

這裡的女人多數是胖的，尤其是結婚以後，生過小孩的，那種胖法是讓人無法想像，有如吹氣球般地膨脹才有辦法辦得到！這裡的阿婆們總是嫌我太瘦，無時無刻莫不催促我『吃....吃....吃....』，雖然大多數的阿婆對我很好，但每次我坐車時，都會祈禱共乘計程車或 marshrut（迷你巴士）裡千萬不要有胖婆婆上車，因為那將會是一種擠到窒息的感覺！有一次坐巴士，我坐在司機旁的長椅上，還被一個趁虛而入的胖女人擠到失去平衡！

例如：金光閃閃即是美

② Gold = beautiful

喜歡很多亮片、串珠的東西，而且穿金戴銀，金光閃閃，連牙齒也要鑲金，一張口整排金牙，令人無法直視。

131

雖然這裡的經濟水平和我所處的社會相比,有一大段差距,但愛美是女人的天性,雖然在這裡的 Bazaar (市集) 中,化妝品的選擇很少,但此處的婦女會用天然植物性染料來增加自己的美麗,除了我之前看過的,用來畫眉的 Usma 之外,

henna

還有 henna,henna 的花和莖放在手心中搓揉,搓出的汁液可做紅色染料,市場上也有賣綠色 henna 粉末,綠粉卻可把東西染紅,真神奇,要出嫁的新娘會用這將掌心染紅,而家家戶戶都會在庭院種一片 henna 及 usma!

usma

(等比例繪製!)

把花放在掌心搓揉

把手掌染紅

把指甲染紅

把頭髮染紅

ILHOM. BAYSUN.

這是阿婆兒子的朋友
來阿婆家拜訪時，
看見我畫的日記本，
於是向我借
筆，在我的本
子上畫畫，很

奇怪，我常看到
烏茲別克人畫玫
瑰花和

鎖鍊，不
知有什麼含意？

我覺得他
畫畫的風格
挺浪漫的，
為我的爆笑日
記增加了不一樣
的感覺。

133

kuymunchok

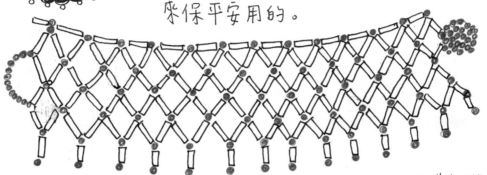

瑪莉卡阿婆從她的雜貨店的架子上拿來一只手鍊,並親自為我戴上繫緊,這條手鍊上的每個黑色小球上都有個白點,我知道這是惡魔眼,用來保平安用的。

阿婆的鄰居,一個12歲的小女孩Gulsum送給我用珠子串起來的頸鍊,當地的女生很喜歡戴這種亮晶晶的裝飾品,這條頸鍊是Gulsum親手做的。

下午我們跑到鎮上去洗相片,沒想到這個偏遠小鎮也有數位沖印店,但是一般家庭都沒相機,不過印相片倒是很便宜(一張300 som),之後去冰果室吃冰淇淋,這兒流行用木板隔出包廂,黑漆漆的,還用聖誕燈裝飾,真好玩!

當地約會場所!
↓

134

7月29日 (二) 我終於看到博物館了

你你你....就是你！快把博物館的鑰匙拿出來！

手拿公文夾的路人甲
(其實是博物館管理員！)

今天，我原本是要搭十點的 Marshrut 回塔什干，一大早起來，阿婆的家人就不斷地要我吃吃喝喝，後來阿婆就去打開她那間小店，坐在門口和鄰居閒話家常（事實上，我一直覺得那間小店是開來聊天用的，不是開來賺錢的，而且裡面賣的東西很奇怪，毫無邏輯可言，店明明超小，卻也賣了內衣，同時又賣殺蟲貼紙！），大概九點半，阿婆在門外大喊："Peiyu！Peiyu！UNESCO！UNESCO！"，原來坐在店門口的阿婆眼角餘光瞄到博物館管理員經過，立刻要那人去打開門給我看，至於回塔什干的車要等人坐滿才會開，阿婆的兒子先打電話請人幫我佔位子，坐滿了再繞到阿婆家接我。

車程：9小時
費用：每人20000 som

Tashkent

Boysun

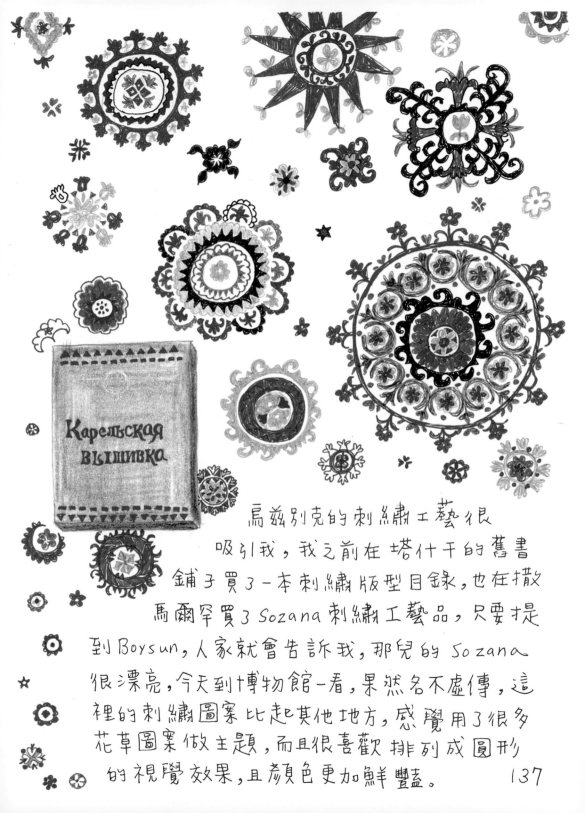

烏茲別克的刺繡工藝很
吸引我，我之前在塔什干的舊書
鋪子買了一本刺繡版型目錄，也在撒
馬爾罕買了Sozana刺繡工藝品，只要提
到Boysun，人家就會告訴我，那兒的Sozana
很漂亮，今天到博物館一看，果然名不虛傳，這
裡的刺繡圖案比起其他地方，感覺用了很多
花草圖案做主題，而且很喜歡排列成圓形
的視覺效果，且顏色更加鮮豔。　　137

7月30日 (三) 打混日

昨晚九點半抵達塔什干，天已經全黑了，而且我在一個不知名的地方被放下車，我考慮著要去住火車站的便宜旅館？還是熟悉的Gulnara Guesthouse？因為搭長程車有點累，我決定在塔什干多留一日，休息足夠再走，收費站的老伯見我在夜裡搭計程車很不放心，去幫我找到熟識的司機並講價，叮嚀司機一定要把我送到 Chorsu Bazaar 附近的旅館才行！但昨晚抵達旅館時，旅館客滿，但是熟識的Gulnara 婆婆不會任我流落街頭，她先讓我睡庭院的木牀，等半夜有旅客去機場搭機，她重新鋪牀，讓我進房睡。我今天去了郵政總局買郵票，寄信，又去買了中亞細密畫的書。

▲中亞細密畫源自波斯

▲ 這3張都是Fahriddin的CD，都是幫杜博士買的！

138

ТЕТРАДЬ

для ___ 地理 _Geography_ _____

_____

учени _Pei-Yu_ ___ класса ___ 笨蛋班 _____

_____ школы ___ 中山女高 _____

_____

_____

_____

ученица
или

139

作業主題：集郵

　　在塔什干的郵政總局（Main Post Office）裡面有個小亭子，專門賣烏國發行的各種紀念郵票給熱愛集郵人士（當然不是我，我只是亂收集）我去的時候，那個小亭子的負責人剛好生病，所以關起來，但有個窗口負責郵務的小姐會說英文，帶我去找到可以拿到郵票的相關負責人，不過，大部份成套的紀念郵票都很貴，（其實沒很貴，是我不知在省什麼？扼腕中……），所以我只買便宜的。

在烏國有看到的植物

沒在這裡看過草莓

這2人不知是誰？但　　　　　其中一個戴了傳統的帽子

140

烏國國旗

P.S 我本來沒有
打算買國旗郵票，
但那小姐說：「怎
可以不買？」，我只好
買一張有國旗的！

烏國是世界數一數二的棉花出口國，遍地棉田！

塔什干是
前一或前
"Tashkent"
，在玄奘西
記中稱為
『赭時』，票
意思是『石』
在1966年遭
乎全毀，郵
神學院是重新整建後的重要宗教文化

一座建於西元
二世紀的古城
意指「磐石之城」
遊的大唐西域
『赭時國』，
特語是 Čč，
，不過，此古城
逢大地震，幾
票中的陵墓和
遺產。

141

РУССКИЙ АЛФАВИТ

Аа Бб Вв Гг Дд Ее Ёё Жж Зз Ии Йй Кк
Лл Мм Нн Оо Пп Рр Сс Тт Уу Фф Хх Цц
Чч Шш Щщ Ъъ Ыы Ьь Ээ Юю Яя

МЕРЫ ДЛИНЫ или ЛИНЕЙНЫЕ
1 километр *(км)* = 1 000 метрам *(м)*
1 метр *(м)* = 10 дециметрам *(дм)* = 100 сантиметрам
1 дециметр *(дм)* = 10 сантиметрам *(см)*
1 сантиметр *(см)* = 10 миллиметрам *(мм)*

МЕРЫ ПЛОЩАДИ
1 кв. километр *(кв. км)* = 1 000 000 кв. метрам *(кв. м)*
1 кв. метр *(кв. м)* = 100 кв. дециметрам *(кв. дм)* = 10 000 кв. сантиметрам *(кв. см)*
1 гектар *(га)* = 100 арам *(а)* = 10 000 кв. метрам *(кв. м)*
1 ар *(а)* = 100 кв. метрам *(кв. м)*

МЕРЫ МАССЫ
1 тонна *(т)* = 1 000 килограммам *(кг)*
1 центнер *(ц)* = 100 килограммам *(кг)*
1 килограмм *(кг)* = 1 000 граммам *(г)*
1 грамм *(г)* = 1 000 миллиграммам *(мг)*

МЕРЫ ОБЪЕМА
1 куб. метр *(куб. м)* = 1 000 куб. дециметрам *(куб. дм)* = 1 000 000 куб. сантиметрам *(куб. см)*
1 куб. дециметр *(куб. дм)* = 1 000 куб. сантиметрам *(куб. см)*
1 литр *(л)* = 1 куб. дециметру *(куб. дм)*
1 гектолитр *(гл)* = 100 литрам *(л)*

ТАБЛИЦА УМНОЖЕНИЯ

2 X 1 = 2	3 X 1 = 3	4 X 1 = 4	5 X 1 = 5
2 X 2 = 4	3 X 2 = 6	4 X 2 = 8	5 X 2 = 10
2 X 3 = 6	3 X 3 = 9	4 X 3 = 12	5 X 3 = 15
2 X 4 = 8	3 X 4 = 12	4 X 4 = 16	5 X 4 = 20
2 X 5 = 10	3 X 5 = 15	4 X 5 = 20	5 X 5 = 25
2 X 6 = 12	3 X 6 = 18	4 X 6 = 24	5 X 6 = 30
2 X 7 = 14	3 X 7 = 21	4 X 7 = 28	5 X 7 = 35
2 X 8 = 16	3 X 8 = 24	4 X 8 = 32	5 X 8 = 40
2 X 9 = 18	3 X 9 = 27	4 X 9 = 36	5 X 9 = 45
2 X 10 = 20	3 X 10 = 30	4 X 10 = 40	5 X 10 = 50
6 X 1 = 6	7 X 1 = 7	8 X 1 = 8	9 X 1 = 9
6 X 2 = 12	7 X 2 = 14	8 X 2 = 16	9 X 2 = 18
6 X 3 = 18	7 X 3 = 21	8 X 3 = 24	9 X 3 = 27
6 X 4 = 24	7 X 4 = 28	8 X 4 = 32	9 X 4 = 36
6 X 5 = 30	7 X 5 = 35	8 X 5 = 40	9 X 5 = 45
6 X 6 = 36	7 X 6 = 42	8 X 6 = 48	9 X 6 = 54
6 X 7 = 42	7 X 7 = 49	8 X 7 = 56	9 X 7 = 63
6 X 8 = 48	7 X 8 = 56	8 X 8 = 64	9 X 8 = 72
6 X 9 = 54	7 X 9 = 63	8 X 9 = 72	9 X 9 = 81
6 X 10 = 60	7 X 10 = 70	8 X 10 = 80	9 X 10 = 90

142

烏茲別克人愛用妙物！

100 Som (≒ 2.4 NT)

1° 在台灣的商店買東西，通常會拿到美美的購物袋，但這裡沒有！不過我看到路上好多人拿著一種藍色的塑膠購物袋，我原本以為是某名店購物袋，後來才發現原來因為本地生活不似台灣富裕，他們沒太多錢買手提包，所以會去買這種塑膠購物袋提著上街！

2° 瘋狂熱愛『座墊』，沒有座墊的地方不坐，只要有座墊，處處皆可坐，我和許多阿婆的邂逅，全靠座墊牽線。

再包上一層軟座墊

即使是小板凳，也有座墊！

Kurpacha

3° 『玻璃缸罐』才是王道！這裡沒有啥塑膠保鮮盒，任何東西都用玻璃罐裝，拎到天涯海角。

蓋子

143

7月31日(四) 前往 Margilan 馬爾吉蘭

車程約4小時
車資每人 20000 som

今天搭共乘計程車前往 Ferghana 費爾干納盆地的 Margilan 馬爾吉蘭，這段公路的崗哨十分密集，公車不准走這段公路，唯一的選擇就是共乘計程車，我是外國人，被盤查得更仔細，簡直跟出國過海關沒什麼兩樣！

Khanatlas

在烏茲別克常可見到女生穿著 Khanatlas 服飾，Khanatlas 泛指以 abr 絲方織品製成的服飾，abr 圖紋樣式似雲彩般多變且有各種顏色，我到 Khanatlas 的起源地 Margilan，並住進絲織廠民宿，房間全以 abr 紡織品裝飾而成。

每人每日 20₤(原價 25₤)，公用衛浴，with breakfast

費爾干納谷地二三事！

我是汗血寶馬

Tian Shan Range 天山山脈

syr-darya 錫爾河

Fergana valley 費爾干納谷地

Pamir Alay Range 帕米爾阿萊山脈

(是跛腳馬吧?)

葡萄由此傳入中國

- 古稱大宛國，史上第一個到中亞的中國人—張騫，就是從現在的新疆翻越天山，穿越費爾干納谷地，再向西行，《史記》記載，張騫出使西域後，曾形容大宛國：『其俗土著，耕田，田稻麥，有蒲陶酒，多善馬，馬汗血，其先天馬子也。』

- 在玄奘西遊之大唐西域記中稱『怖捍國』：『....周四千餘里，山周四境。土地膏腴，稼穡滋盛，多花果，宜羊馬。-----』

- 絲路的開通，將此地所產的葡萄，苜蓿等諸多物種傳入中國，而由中國傳來的絲織技術也在此發展。

- 此地在蘇聯統治中亞後被切割，現分屬三國（烏茲別克、塔吉克，吉爾吉斯），邊界及種族問題紛擾不斷，故公路設下重兵防守，戒備森嚴。

- 民風保守，多虔誠穆斯林，有激進組織製造事端。

145

8月1日(五) 參觀絲織工廠

YODGORLIK

SILK PRODUCTION FACTORY

138 1.Zahiriddin st., Marg'ilon city, Uzbekistan
Tel/fax: 8 (373) 2336761
www.yodgorlik.uz
yodgorlik@simus.uz

費爾干納谷地是烏茲別克的絲織中心,而 Margilon 馬爾吉蘭保留了傳統製絲方式,在當今工業社會中,顯得特殊。

製絲过程:

1° 養蠶

蠶繭

整個过程約需 28-29天,在四月中～五月中為其季節。

2° 取絲

(絲當然是白色的,但我用紅線表示,比較能明白取絲裝置!)

(她認出我是去年畫素描送她的人,我們都好開心)

Hosiat 女士親自示範

轉軸

破掉,不能取絲的蠶繭挑出來不要!

爐火

146

超神奇！

這應該是小學時讀過的「繰絲」吧！用一根木棍在冒著熱氣的大鍋子里翻攪，就可以從漂浮著的蠶繭中勾起線頭，幾十條若有似無的絲纏成束後，就可成一根蠶絲線，慢慢轉動輪軸，成捆的蠶絲就處理好了！

這也是另一種繰絲
↓ 裝置，道理是相同的！

成捆的蠶絲看起來略呈有光澤的灰白色！繰絲的動作令人感覺神奇，我有親自嘗試好幾次，但失敗了，這種古老傳統方法須靠經驗才行；至於那些剩下的死蛹呢？就拿去餵魚或雞！

147

3° 染色

(特色)：在編織之前就已先決定圖案樣式，依圖案所需進行配色及綁染

(染色過程)：先淺後深，深色系使用天然染料，明亮色系使用化學染料（因天然染料不敷使用，天然染料取自植物，例如：石榴皮、洋蔥皮、蕃紅花或其他草本植物！）

(示範)
- 如果想要一段 ▬▬▬▬▬▬▬ 的線
- 原色為白色 ▬▬▬▬▬▬
- 淺色系先染，欲留白處先綁起來，（先包一層塑膠膜，再綁！）

  染 綁　　染 綁染

- 接下來把黃色處綁起來，想染成綠色的地方則不綁，因 ● + ● = ●，可由此成色原理控制綠色的深淺！

  ↓ ↓ ↓ ↓
  (黃)(白)(黃)染

  （黃色處的綁法和白色處的綁法不同，師傅可由自己所做的記號知道該處的顏色！）

- 之後，把所有綁住的地方解開，就是所要的彩色線

P.S 染色是最重要的關鍵，師傅依圖案所需進行分段染色，之後才能將絲線排列，進行編織，染色稍有不慎，則全盤皆敗

148

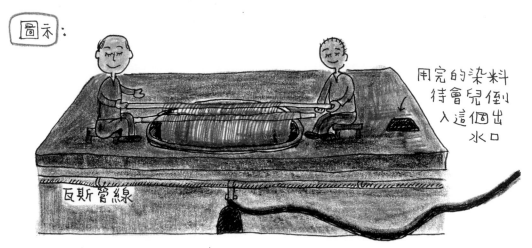

用完的染料待會兒倒入這個出水口

瓦斯管線

兩位阿伯坐在爐子上，大鐵鍋裡是染料，絲線掛在鐵棍上，但隔一陣子要合力抬起鐵棍，翻動絲線，才可以染得比較均勻。

水管

水槽

染好的絲線須用水沖洗，顯色效果才會漂亮，但成捆的絲線重量驚人，這個部份也是兩人合作，沖洗完畢後，再用脫水機脫水；脫水完畢，再動手整理有點打結的絲線，使之結構鬆散，再掛起來，然後送進烘乾機。

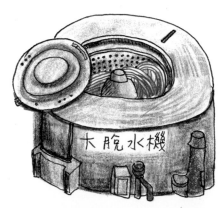

大脫水機

整理中……

經過這樣重複染色很多道手續之後，要把之前絣染打結處鬆開，

例：把線解開，並把一層很像橡膠的包覆薄膜剝除！

（成束的絲線固定在前後兩端的鋼管上）

4. 編織

成束的絲線在上織布機之前，必須先整理好，我看到兩個小男孩把成束的絲線在長長的走廊上拉開來，且隔一段距離就在某固定顏色上做記號，之後通力合作，捆成像毛線球那樣的線團

比較簡單的圖紋編織，可以直接把絲線捆送上紡織機，每根絲線縱向並排後，花紋

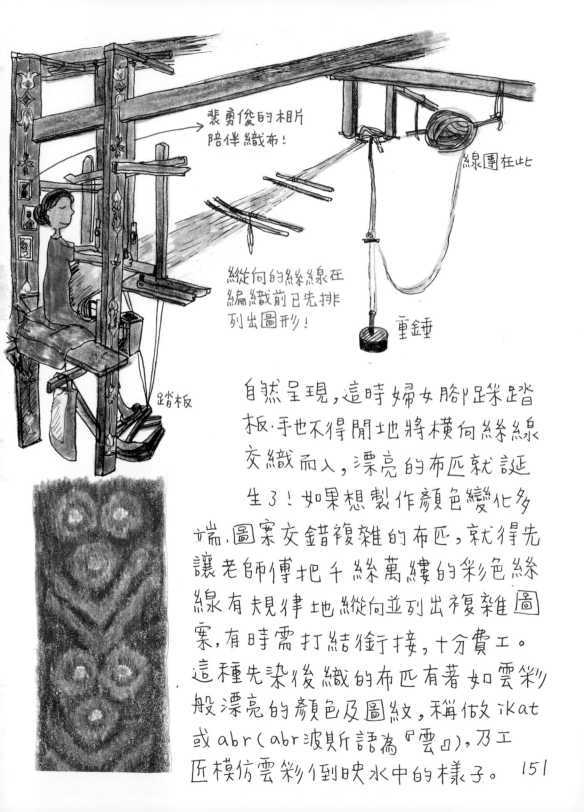

裝勇俊的相片
陪伴織布!

線團在此

縱向的絲線在
編織前已先排
列出圖形!

重錘

踏板

自然呈現,這時婦女腳踩踏板,手也不得閒地將橫向絲線交織而入,漂亮的布匹就誕生了!如果想製作顏色變化多端、圖案交錯複雜的布匹,就得先讓老師傅把千絲萬縷的彩色絲線有規律地縱向並列出複雜圖案,有時需打結銜接,十分費工。這種先染後織的布匹有著如雲彩般漂亮的顏色及圖紋,稱做 ikat 或 abr (abr 波斯語為『雲』),乃工匠模仿雲彩倒映水中的樣子。 151

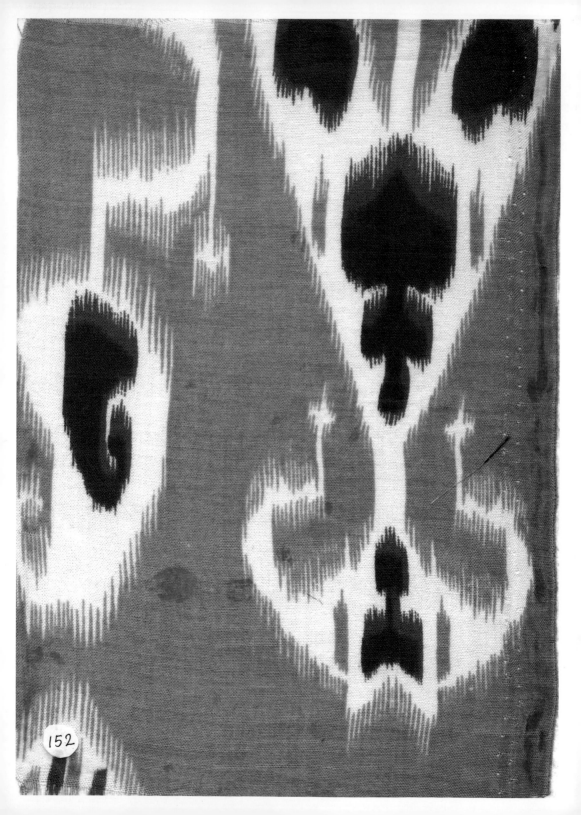
152

153

去年我到馬爾吉蘭時，正好是星期六，所以我並沒有看到完整的製絲過程，因為許多工作部門都是關著的，今年我想多觀察，所以在工廠裡面待了很久，雖然現在已經有機器可以執行這種古老製絲方式，但很多時候還是需要人的經驗來排除某些機器無法解決的問題，當我看到一位老師傅正在思考如何安排縱線的圖形排列，我靜靜看了很久，心裡好感動。

我在裡面待太久了，工人們不但給了我一碗湯麥麵當午餐，還摘了葡萄給我吃。

用一根棍子，頂端黏上裁掉半個瓶身的寶特瓶，竟可摘葡萄！

看我的厲害

引頸期待！

洋蔥 青椒 蕃茄 馬鈴薯 laghman 湯麥麵

製麵大師：Peiyu
示範手拉麵條

laghman（湯麵）是我很喜歡的一道烏茲別克料理，但嚴格地說這應該算是一道中國料理，因為這是從中國傳過來的，位處絲路重要路線上的烏茲別克，各種民族文化在此交融，連食物也不例外。這裡的食物口味很合我的中國胃，在調味方面更是有某種神奇的魔力，他們對於香料的使用，已經是傳承幾百年的經驗了！laghman是一道東干（Dungan）料理，Dungan族指的是一群為逃避動亂而至中亞定居的中國穆斯林，多數是清朝時移至中亞，中國人的臉孔十分明顯，有些仍可說上一兩句中文，去年我在吉爾吉斯的Karakol旅行時，不但吃到涼麵，市場還賣米做的粉條（連發音fyntyozi都近似『粉條』），也吃過gyanfan（發音近似『乾飯』，把米和蔬菜、肉類一起煮！），初次聽到gyanfan的發音還把我嚇一跳，以為當地人在講中文『乾飯』！），市場攤位甚至還提供筷子，原來，他們就是有中國血統的東干民族。　155

8月2日(六) 轉移陣地

我相信人與人之間的相處,是有溫度的,而我處在語言不通的環境一個月了,直覺與感受力更加敏銳,更能感覺到那種人與人之間相處的溫度!善意有時不需靠言語,從動作和表情即可感受到!

在 Margilan 這兩天,我住在 Yodgorlik 絲織工廠老闆所經營的民宿,也就是他的家中,房間全是用 abr 紡織布料設計裝潢而成,是很漂亮

▲ 在 Margilan 買的故事書,看不懂,純粹喜歡它的插圖

▲ 兩本有關烏茲別克服飾的書,有英文解說

沒錯，但這裡卻讓我覺得渾身不自在，Margilan 馬爾吉蘭只是個小鎮，而附近的 Ferghana 費爾干納才是大城市，很多背包客都會選擇交通方便、住宿選擇較多的費爾干納落腳，但我比較喜歡小鎮風情，所以決定待在這裡！這間民宿比我之前在布哈拉、撒馬爾罕、希瓦等地的民宿貴一倍，其實錢不是關鍵，早餐難吃也就算了，最讓我覺得不舒服的原因

烏雲罩頂

是『態度』，其實我不是那種非得要人家很熱絡對待我的人，但掌管家中大小事的老闆娘有種高高在上的冷漠姿態，(她唯一露出真心笑容是我拿美金給她的時候）做很多事情，熱情是很重要的，如果熱情不再時，連最基本的東西都做不到，實在糟糕！(我知道很多時候，要對一件事情維持熱情是很不容易的，很多事情，都要修煉！)為了自己舒服一點，我決定搬到費爾干納去！

157

我拖著行李搭迷你巴士去 Ferghana 費爾干納,小巴士上的乘客都對我這個只會傻笑的外國人很有興趣,我說我不會俄語也不會烏茲別克語,只會說中文和英文。握著方向盤的司機大叔聽了,立刻指著後照鏡掛的小熊說:『它會講英語!』,接著用手一按,小熊立刻發出有聲玩具的專用台詞:"Hello ~ Hello, I love you!",大家都笑了,其實烏茲別克人是很幽默的民族,大家聚會時,總有人會講些笑話,惹得大家捧腹大笑,直到笑破肚皮為止。

半小時後,到了費爾干納,因為民宿是在離市中心四個街廓以外的蘇聯時代舊公寓,須打電話請他們來接我,這兒公用電話很少,但路上都會有人把家裡的電話擺出來給人用,用完付費,我也學起當地人用起電話,迅速解決住宿問題。

民宿名稱：Golden Valley B&B
地址：S. Shokirovoy St.，Apartment 10，block 9
電話：232100.　電子郵件：pfsfergana@vodiy.uz
價格：<u>漲價了，每人 10$（without breakfast）</u>
　　　　　每人 15$（with breakfast，很豐盛！）

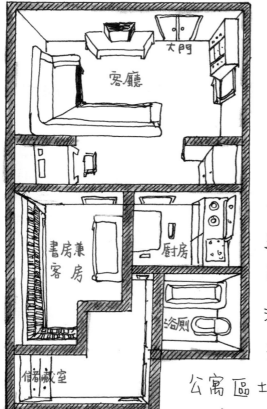

這間民宿有點難找，我打電話和他們約在市集附近的明顯地標 Hotel Ziyorat，他們開車來接我！費爾干納是蘇聯兼併中亞之後建造的城市，感覺不到中亞伊斯蘭氣息，倒是有濃濃的歐洲風情；我住的民宿在蘇聯舊公寓區塊的一樓（2樓也是他們家的，也是民宿！），公寓單位是兩房一廳，乾淨簡單；只不過，站在戶外時，這一大片陳舊公寓，讓人有種繁華落盡的感覺。

159

8月3日(日)在清真寺睡覺

今天我睡到很晚才出門，可能是因為昨天不小心喝了生水，或者吃了涼性的仙，或者晚餐的烤肉串不新鮮，我覺得肚子好像有點怪怪的，在國外旅行從不拉肚子的我立刻警覺到問題的嚴重性，先吞了藥再說，我住的民宿是10美元不含早餐，但民宿的阿公阿婆請我吃免費的早餐，我不敢吃太多，

當地男人戴的 doppi（朵帕）

不同地區有不同圖案 (外觀

內裡竟是用紙做的(內裡)

之後帶了開水和一片饢(麥面包)便出門去，記得之前認識的瑞士背包客，我後來回塔什干又遇見他，他告訴我他在 Nukus (努庫斯)腹瀉，被當地警察送進醫院，住了三天。後來他要求要返回醫療設施較完備的塔什干，又休息了一星期……，這一趟旅程，我幾乎啥鳥事都遇上了，也住了各種不同的地方，不過我可不想去體驗住醫院的滋味，此刻，我的肚子裡好像有個小人在打鼓，嗚～希望沒事。

in khonakhah mosque, Margilan

如果要票選我在烏茲別克最喜歡的清真寺，我一定會
投 Margilan 馬爾吉蘭的 Khonakhah mosque 一票，我對
那兒安靜的氛圍深深著迷，而且這座古老的木結
構清真寺，漆著淺色系的粉綠、粉藍、粉紅等顏
色，在木雕裝飾風格方面卻帶有中國風；風送來
鳥兒的啁啾聲，祈禱的時間到了，可蘭的吟誦
聲不絕於耳，我在庭院的涼亭邊睡了一個深沉
的午覺。

161

uzum (grape)

一覺醒來，望見一位仙風道骨、著傳統服飾的老人蹣跚而過，我還以為是南柯一夢呢！這是這個小鎮吸引我的地方，比起城市，小鎮總是保留了較多的傳統，所以儘管已經搬到費爾干納去住，我今天還是又坐巴士回到這個怡人的小鎮。(只要25 min)我抬頭望見木欄杆上有一頂老人遺落的四角方巾帽doppi，心中大喜，因為我想畫這種帽子想很久了，趕緊動筆畫下來，再補一點日記，Margilan有一間新開的十博物館。設備新穎完善，就在Bazaar市集附近，今天去參觀時，有個女孩一直跟著我，原來她想為我介紹十博物館裡的東西，她在十博物館打工，沒事時會做點手工藝貼補家用，她給我看她正在做的一頂 doppi，我才知道原來doppi的內裡竟然是紙板做的，難怪下雨時，很多阿公會用塑膠袋把頭頂上的doppi包起來。(頭上包塑膠袋好好笑...哈～哈～)
畫完doppi，我又畫了清真寺的素描，因為實在逗留太久了，清真寺的人員端來一壺綠茶給我，又送了一串剛摘的葡萄，哇～再不離開，晚餐就要端出來了。

在 BAZAAR（巴札，市集）外面，看到一間手作
的木工生活用品小店，有各式各樣的生活
雜貨，包括 chekich（用來在麵包上印
出花紋的饢戳），有各種不同花紋！！

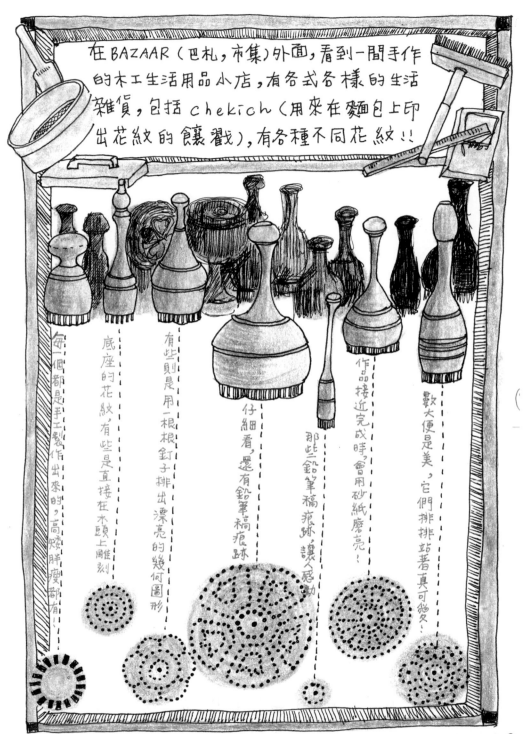

每一個都是手工製作出來的，高矮胖瘦都有！

底座的花紋，有些是直接在木頭上雕刻

有些則是用一根根釘子排出漂亮的幾何圖形

仔細看，還有鉛筆稿痕跡

那些鉛筆稿痕跡，讓人感動

作品接近完成時，會用砂紙磨亮！

數大便是美，它們排排站著真可愛！

163

8月4日(一) Rishdon 一日遊

陶瓷工廠
的大門口

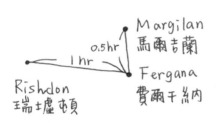

Margilan
馬爾吉蘭
0.5hr
Rishdon —1hr— Fergana
瑞墟頓　費爾干納

Fergana 費爾干納雖然是
個小無聊的城市,有十分俄
式風格的街景,不過這裡很
適合做為一日遊的基地,去
Margilan 看絲織廠、或去Rishdon
看陶器製作都十分方便,我今天坐巴士到 Rishdon 瑞
墟頓,抵達時時間尚早,於是先去逛了鎮上的市集。

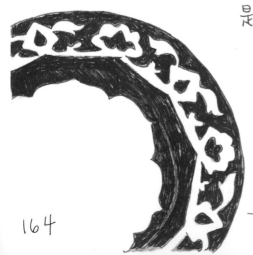

是個沒有觀光客的可愛市集,不
過因為沒有觀光客,感覺是
他們觀光我,而不是我觀光
他們!

→這是烏國全國都有用的國民盤!

→陶瓷工廠某工作小鋪老闆送的

國民盤的製作過程

(1) 先把陶土分成等量大小，一球球地，放置備用

(2) 用轉盤壓製、修邊，盤子的雛形出現了！

Diora

(3) 因盤子上可能有陶土殘渣，故用海棉沾水擦拭，使其表面光滑

海棉

很多人到 Rishdon 這個小鎮是為了看名家作品，我拿著從台灣某旅行社拿來的陶藝家簡介，原本也打算去看某知名陶藝家的作品，但是……，其實，我更想看的，是一般的陶器工廠，那種製作普羅大眾生活器皿的工作場所，感覺和這裡的生活更加貼近，而我憑著旅遊書裡的一張圖片，被路人甲轉介給計程車司機，只花了 200 som，就被帶到陶器工廠的門口，司機還介紹其中一位工作坊的人給我認識，並請他的十歲女兒帶我到處去繞繞，我在這兒整整一天，看到製陶過程。

165

(4) 把一個個的陶盤拿到太陽底下排排站,晒乾!

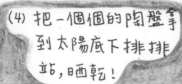

(5) 日晒乾的陶盤須噴上花紋

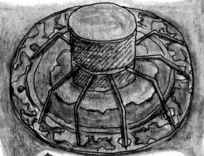

↑ 這是國民盤的花紋模型。

(很熱,光著上半身工作!真辛苦)

他們把釉料裝在噴槍中,把花紋模型疊在盤子上,用噴槍噴出圖案!

166

(6)

把噴好圖案的陶盤泡進一桶白色的溶液中,再拿出來!

泡過白色溶液的陶盤,表面是白色的,不過那些之前噴上去的花紋,就像淺浮雕般清晰可見。

(7)

把盤子上下兩兩相疊,送進爐中燒製。

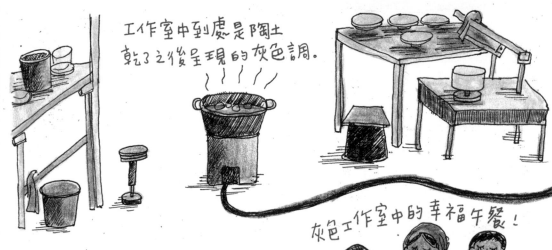

工作室中到處是陶土乾了之後呈現的灰色調。

灰色工作室中的幸福午餐！

該怎麼訴說我心中的感動呢？那個工作坊的男主人不但要他女兒 Diora 陪我去看其他製陶的工作坊，他的太太並請我留下來吃午餐，他們的生活看起來應該很辛苦，工作坊其實只是座以草覆頂的小土屋，設備很簡陋，午餐時間則把工作枱移開，用製陶爐子的瓦斯管線直接以鐵鍋煮食物，我用手勢表示腸胃不適，無法吃一般食物，女主人則要女兒去附近的雜貨店買餅乾給我吃，並特別泡了高級的紅茶，他們一直要我到家裡過夜，我拒絕好多次，最後只好答應到他們家去坐坐，後來，他們不但陪我去坐車，還堅持付車資，真過意不去！　167

8月5日 (二) 再遊 Rishdon 瑞墟頓

昨天在 Rishdon 看完陶
器工廠後,回程的路
上,我在想,隔天非得
再來一趟不可,因為我
也想看看名家的作品。
在陶器工廠看的是居
民的生活面,雖然
也有較精緻的作
品,但如果常民生
活文化用品被做
到臻於藝術
品的境界,錯
過了沒看,真的
很可惜。

RUSTAM USMANOV

Master of traditional ceramics

230, B. Ar-Roshidoniy str.
Rishtan 713330, Ferghana region,
republic of Uzbekistan
Mob. tel.: (+99873) 2711865,
tel.: (+99873) 4521585.
E-mail: usmanov@simus.uz

168

Rishdon 瑞墟頓是中亞古老陶藝中心，
很多從費爾干納盆地外銷出去的陶器其實
產自此地；這是一個塔吉克族聚居的小鎮，
很奇怪地，昨天和今天有4個人用流利的日語
和我說話，原來此地有日本人到此開設語言
課程，且本地和日本之間的藝術文化交流也
很頻繁，這裡也有烏日合作的陶藝中心。
我手上有 Rustam Usmanov 及 Nazirov Alisher
兩位本地陶藝名家的介紹，昨晚收到簡訊
受託幫忙詢問有關 Rustam Usmanov 作品事宜，
所以我今天到 Rustam Usmanov 先生的私人博
物館兼工作坊參觀。

　　他們用山羊毛自製毛筆，以大自然萬物為
　　靈感來源，主要用藍綠色、藍色及褐色
　　　在以白色為基調的底色上作畫，
　　　　　線條流暢精緻。

（用來畫陶藝的筆是用木桿綁上山羊毛製成的，根本就是中國的毛筆。）

169

由工具、筆法來看，可以推測 Rustam Usmanov 先生的作品
應受過中國陶瓷作品的啟發，不過他將形式轉化發展
成十分具個人特色的作品，我在博物館裡佇立良久，驚
歎那些細節之中的神韻如此精妙，呵～天使和魔
鬼都藏在細節中啊！

Rustam Usmanov 先生的作品

另一位名家：ALISHER NAZIROV 先生的作品

ALISHER NAZIROV
Add : 152, Ferganskaya str. Rishtan
Tel : (+998 3732)21-31-61 (mob)
   (+998 373 45) 23-343, 23-964
e-mail : ganisher@vodiy.uz
   alisher_nazirov@mail.ru

170

nohotpolov 鷹嘴豆

行李箱　chay　nan

看完陶器後，我拖著行李走回市中心，肚子有點飢餓，在上車之前，我想先吃點東西，但是因為昨晚拉肚子，實在不敢亂吃東西，記得杜博士曾提過鷹嘴豆專治腹瀉，所以這兩天，我三餐都吃鷹嘴豆，感覺似乎好多了，我走進 bazaar 市集，在鷹嘴豆的熟食攤買了一小包鷹嘴豆，正愁沒地方坐下來吃，隔壁賣饢的大娘要我過去她的大陽傘下坐著吃，又從攤子上拿一個饢塞給我，再倒給我一杯熱茶，我的腸胃是暖的，心也是暖的。

吃飽喝足後，向善心大娘告別，我坐上巴士向遠方出發。

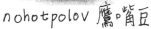

Namangan 20min chartak
600 Som
2hr 1300 Som
1hr Margilan
800 Som
Rishton

在巴士上發生一件討人厭的事，有個男的故意坐我隔壁，且一直愚弄我，我身體不舒服，不想理他，但他變本加厲，我終於忍不住破口大罵，在我大罵兩次後，我拿東西砸他，且忍不住大哭，司機嚇得立刻叫他滾下車！　17.1

8月6日（三） chartak 訪友

在塔什干念書的 Adham 回鄉下度暑假，他說如果我旅行到費爾干納盆地時，別忘了到他家玩，享受烏茲別克的鄉間生活，而他的好友 Babur 這一年來陸陸續續和我通過幾次電子郵件，我很想再到 chartak 拜訪他們，並且幫 Babur 帶點台灣的國際學生獎學金訊息給他，看看簽證是 8月9日到期，我決定先不前往 Andijan 安集延，而繞個圈子到北邊的 Chartak 去找他們，不然，也許再也不會有機會見面了。

昨天下午我很順利地轉了好幾趟車，到達 Chartak，沒想到下車時，Adham 和 Babur 正巧經過大街，在馬路中央相遇的我們，吃驚地說不出話來，我們先到 Adham 家中小坐，然後再拖著行李到 Babur 家，昨晚我住在 Babur 家，還和他們的朋友開車到公園去吃冰淇淋，然後聊天到深夜，鄉下的夜晚十分涼爽靜謐，我睡了一個無與倫比的好覺，連肚子也不痛了！

早上起床時，Babur 已經出門了，剛從大學畢業的他，尚未找到工作，平日在附近的市集幫他媽媽賣衣服，每逢週三則要到另一處更遠的市集去賣衣服，Adham 先帶我到本地 Bazaar 市集去逛逛，然後找個餐廳坐下來，等 Babur 在市集散市後，來和我們會合。

在烏茲別克的時髦享受是到餐廳吃冰淇淋，冰淇淋通常用小紅盤裝著，或者叫一瓶芬達、可口可樂、或本地常見的 AQUA 牌汽水，餓了則吃熱狗堡！

我們在那間餐廳等 Babur 等了好幾個小時，等到我快睡著，已經快賴得開口講英文了！而且其中還見到六對新人進出餐廳，他們被眾人簇擁著，看起來年紀都很輕，Adham 告訴我，烏茲別克的男女多數都二十出頭就結婚，但他不想那麼早結婚，他想完成學業並一步步實現自己的夢想；我突然想起在 Rishdon 瑞墟頓陶瓷工廠的那個招待我的善良家庭，比我還年輕的男主人有一張娃娃臉，但那張臉滿布著風霜，年紀輕輕卻已經有三個孩子，最大的11歲，生活的擔子對他而言，想必不輕吧！

夢想是什麼？

Zumrad（寶石）他們幫我取的烏茲別克名字！

如果，我生長在烏茲別克這個經濟困頓的地方，連生活的維持都很吃力了，我不知道自己會不會有夢想？或者只能偷偷藏在心中？但是，即使生活艱苦，我在 Adham 和 Babur 的眼中卻仍看到夢想。　173

去年的中亞之行，回台灣後，我開始把『學英文』這件事，當成生活中一件要認真看待的事情，原因就是受了 Adham 和 Babur 的感召，他們的資源很少，卻非常努力學習，英文都比我好上好幾倍，我所感動的是那種認真學習的態度，Adham 的英文教材不多，所以他連高中的作業簿都很珍惜地保持著，有空就把老師批改過的部份拿出來做複習；至於 Babur，他一直夢想著可以拿獎學金出國念書，對於家境不寬裕的他而言，這是改變未來的一條路，因此他注意著每個可以把握

的機會，甚至連英文自傳與推薦函都準備了，我在他房間的桌上看到自修 TOELF 托福考試的書，他連錄音機也沒有，只能偶爾去朋友那兒練習聽力，他說托福考試的報名費很貴，而且必須到塔什干去參加考試，此刻他負擔不起，但他想先試著準備看看，也許有一天會用得到！我看著他桌上的歐洲、日本、新加坡國際學生交流計畫書，今天他的夢想中又加入了『台灣大學』，生長在富裕社會的我們，有的連自己的夢想是什麼都不知道，有的明明離夢想很近，卻懶得跨出一步，因為 Babur，我開始想起自己的夢想！

永不放棄

庭院裡，葡萄藤架下的木牀，是全
家人的生活重心，夏天時，他們把電視和電話都搬
到戶外，在木牀上吃東西、聊天⋯⋯，晚上也會有人睡在
木牀上，我和Babur的家人在這裡一起看我的日記。

175

Peiyu的地理教室！又來了！

19世紀地理學者維達爾·白蘭式曾提出：人類在自給經濟或半自給經濟階段時，其物質基礎的綜合（如：鑿井而飲、耕田而食…），稱為生活方式，包括耕作方式、住屋形式、工具等……，與自然環境關係密切；我覺得，民宅建築形式最能反映人地關係。

這些全是果樹，他們摘取果實，然後去皮、晒乾、烘烤，就有杏仁或核桃等 乾果可以食用。

晒製乾物的地方，他們沒有冰箱，故以此法保存食物

土塊砌屋

羊舍

上廁所不用衛生紙
廁所裡放的石頭是用來擦屁股的，擦過的石頭丟入旁邊的桶子

廁所

石頭

不習慣

上廁所讓我緊張，糞坑是一條長縫！（我老是對不準。）

176

對他們而言,牲畜就是現金,缺錢時就賣牲畜!

菜園中種了生活所需的各色蔬果,例:蕃茄,青椒,黃瓜、玉米。

露天廚房中,有大鍋爐,以及做饢用的泥爐

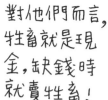
觀察敏銳,我真棒!

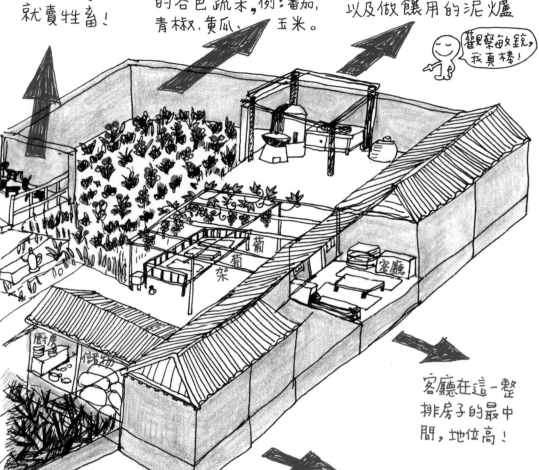
葡萄架
客廳
廚房
儲物

客廳在這一整排房子的最中間,地位高!

常用棉花枝桿當燃料,這是堆放樹枝(燃料)及乾草的地方。家裡通常會養牲畜,在漫長的冬季裡,乾草需要量很大。

會依家中人口多寡加蓋房間,原則上,家中的小孩在嫁娶後,會有自己的新居,所謂樹大分枝,通常烏茲別克人會由最小的兒子繼承家屋,留在家中照顧父母。

177

8月7日 (四) 被報紙採訪，前進吉爾吉斯

沒想到自己竟然會(紅)到烏茲別克來！

上次在布哈拉被塔什干電視台採訪，昨晚被
Namangan 的報社採訪....，Adham 和 Babur 有個
高中同學到 Babur 家聊天，他在報社工作，看了我
的旅行日記之後哈哈大笑，說要採訪我，結果，
我們在夜裡十點展開艱困的採訪過程....(奇
怪，好像很多烏茲別克人都很喜歡我的日記，沒
有人不哈哈大笑的！怎麼我始終走諧星路線啊！)

烏茲別克語流利，英文也
比我好的
Babur

烏茲別克語流利，
英文可半聽懂，但不會說的記者

烏茲別克語流利，
會說一點俄語，英
文比我好的 Adham

中文流利，會說一口沒
文法破英文的我！

天哪！這真是難到極點的採訪，Babur 準備了英烏
字典，我的電子辭典有英漢、漢英、英英三種功能，隨
時派上用場，一個問題要採訪將近一小時，四
個人還一頭霧水，雞同鴨講，沒關係，反正記者
武功高強，往往可以寫出一大篇，應該沒問題吧！

我覺得很有趣，因為我極端努力地講玄奘的故事給他們聽，沒想到歷史素養很好的 Babur 竟告訴我他以前有讀到中國有一個和尚到烏茲別克的故事，而且他也知道中國的『唐朝』……，那個記者想把玄奘的故事寫進文章，結果我們光是想『大唐西域記』這幾個字要怎麼翻譯？就想到快死掉了！整個採訪結束時，四個人都累得人仰馬翻！

(哇哈哈，挑了一張看起來很有氣質的！)

今天早上我們坐車到位在 Namangan 市中心的報社去，因為他們要拷貝我的日記，後來我們又到相館去挑選個人獨照，準備放在報紙版面上，Babur 說他會為我留一份報紙並寄給我！

今天是我離開這兒的日子，其實我可以再多待一天的，但我考慮了一下，還是提早到吉爾吉斯好了！其實他們都對我很好，Babur 的媽媽昨晚還煮了超好吃的 mastova 給我吃，真令人不忍離開啊！

香菜　吃的時候要加優格
羊肉丸子　切塊馬鈴薯　米　香料
mastova

179

可是他們對我太好，讓我很過意不去，我知道他們的經濟並不寬裕，可是我每次想付任何錢時，都搶不過他們，我不想再讓他們多花錢了，所以，我想今天搭車到 Andijan 去，如果順利的話，今天通關前往吉爾吉斯，不然，他們每次都說：『你在旅行，需要留一點錢在身邊，這種小錢我們付就好了！』。

Namangan → Andijan (Bus, 2 hr, 1300 som)
Andijan → Dostyk (Taxi, 45 min, 1500 som)
Dostyk → Osh (Minibus, 20 min, 7 som)

UZBEKISTAN
Tashkent
Chartak
Namangan
Andijan
Dostyk
Osh
KYRGYZSTAN

很多烏茲別克人對吉爾吉斯人的印象都不是很好，而且勸我別去，倒是 Babur 的媽媽昨晚聽說我要從 Dostyk 通關，她告訴我她每隔一陣子就要從 Dostyk 到吉爾吉斯一個叫 Qorasu (意為 Black water) 的地方批衣服回來賣，不過她沒有簽證，批那些中國貨是違法的偷渡走私行為，每次都要跑給軍警追，情節有如電影『教宗的廁所』般驚險刺激！我有簽證，當然不用跑給警察追，但我的 registration 少了很多張，有點心虛，我在關口前把烏幣全換成吉幣，並藏好未申報的美金，抬頭挺胸，順利通關。

8月8日(五) 我中暑了

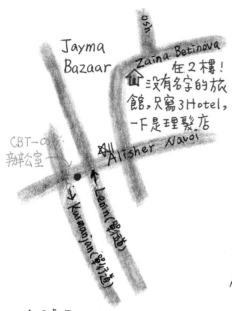

Jayma Bazaar

Zaina Betinova

osh

在2樓！
沒有名字的旅
館,只寫3Hotel,
一下是理髮店

Alisher Navoi

CBT-osh
辦松室

Lenin (列寧)

Kurmanjan (幻幻道)

★號是Jayma Bazaar的一
角,這一角專賣紀念品

在osh住的這間旅館是其他
背包客推薦的,LP上沒有!不
過也漲價了!

双人房(附衛浴),每間500 som,
但沒有單人房,我一個人須付双人
房的全額,嗯!一個人旅行果然
比較貴,現在我終於體認到
了!今天我沒做什麼事,沿著兩
旁滿是俄式公寓的街道,走
路去OVIR(office of Visas and
Registrations)問看看到底來自
台灣的我,需不需要辦理Registration?聽說辦法
又改了,求證一下比較心安,答案是不用,我又走路回
旅館。可能是因為這樣來來回回地走,天氣炎熱,

湯匙的好
處多多

我覺得渾身不舒服,頭痛
得要命,我猜測可能是中暑了!
唉!又體認到一個人旅行的
壞處,以前中暑有旅伴幫忙刮痧,現在得自己來,
還好湯匙是個好物,刮完痧,喝下溫開水,覺得好
多了!睡夢中,竟傳來中文聲音,原來是鄰居的電視,
今天是奧運開幕。電視在轉播,遠處有人放煙火...。

181

8月9日(六) 足不出戶

也許昨天的太陽真的把我曬壞了，我今天倦怠得一點也不想出門，還好一下樓就是大 bazaar 市集，肚子餓了，就下樓吃東西，其他時間，我都待在旅館裡，不是躺在牀上，眼睛瞪著天花板，就是翻翻書打發時間。

『我真不明白為何你還要去吉爾吉斯？』，在離開 chartak 的前一晚，Babur 曾經這樣問我……；的確，要離開熟悉的烏茲別克，前往陌生的吉爾吉斯，老實說，好像是離開自己的『安全地帶』，況且，吉爾吉斯對旅行者而言，不方便的程度，比起烏茲別克，又多了一點點！而我事先也完全沒有做任何規劃，現在可以說是處在一種『傻眼』的狀態，不知何時要前進？前進到哪裡？

為自己沖了一杯綠茶，白色的窗簾把打進來的光線揉得模糊昏暗些，不再刺眼……，『我為什麼還要再來吉爾吉斯？』，四十天的旅行，好像已經很夠了！其實可以早點回家去；在這個昏暗的小房間裡，我的腦海中浮現了『吉爾吉斯少年行』這部電影的畫面，極簡的情節，黑白或深褐色的攝影，偶爾夾雜的彩色影像猶如畫龍點睛，十分迷人，看到的時候，會覺得世界被擦亮了起來；這電影裡的村落，會讓我想起去年吉爾吉斯之行住了好幾天的小鄉村，安靜詳和地躺在群山峻嶺之間，銀白色的溪水流淌而過……；過去三十八天在烏茲別克的旅行，就像他們常聽的音樂一樣，永遠靜不下來，隨時可以搖擺起舞，如果可以的話，我願意再回到群山環抱的吉爾吉斯小村落，沉澱我的心情，為這一次的旅行，做一個美好的 ending….。

去年在吉爾吉斯的旅行！

還有，由 osh 奧什到 Bishkek 比斯凱克這段號稱吉爾吉斯境內最美麗的公路，去年，如果不是因為簽證出問題，我不會踏上這段翻越三千多公尺山口的 12 小時公路旅程，那高山上有如 Tiffany 藍的湖泊，好似沉睡了幾千年般地安詳美麗，為了再看一眼這美麗的、地圖上的藍眼睛，我願意再來一趟。

183

8月10日（日）用功讀書

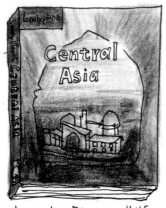

Lonely Planet 出版

ODYSSEY 出版

> 我真是一個用功的好學生，應該頒獎給我！發獎金更好！

今天一整個早上我都在讀書，用功之程度可比美當年參加大學聯考，因為 Lonely Planet 的 Central Asia 中，關於吉爾吉斯的資訊並不是很充足，所以我又多帶了一本由 ODYSSEY 出版的 Guide Book，專寫吉爾吉斯的（是怎樣啊？只要待兩星期的國家，多帶一本書，重死我！更糟的是事前連半個字也沒看，現在才來臨時抱佛腳！不！這裡沒有佛，只有阿拉！）。讀了半天的書，我自己畫了一張路線簡圖，心裡有個底了，換了衣服，出門去問巴士時刻表並去市場換錢，順便逛逛紀念品店。

吉爾吉斯男人戴的毛氈帽
Kalpak

SHYRDAK
毛氈拼布飾品
(這個是座墊)

oǔmo (一種拼布!)

Osh 奧什其實是個民族大拼盤，在這裡，不會特別感覺到自己到了吉爾吉斯，這裡有吉爾吉斯人、烏茲別克人、塔吉克人、俄羅斯人、朝鮮人、中國人……，大部份的食物都和之前在烏茲別克吃的一樣；逛紀念品店有時不失為了解一個國家的好方法，吉爾吉斯人以游牧為主，紀念品有些與游牧有關。

裝口簧琴的木盒，
正面有吉爾吉斯傳統圖紋

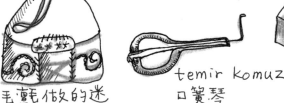

毛氈做的迷你 Yurt (帳棚)

temir komuz
口簧琴

185

8月11日(一) 再出發，前往 Arkit

因為在 Osh 奧什並沒有直接前往 Sary-chelek 湖的車，如果要自己包車，可能得付出天價，所以我決定土法煉鋼，我畫了一張簡圖，把可能需要轉車的點標出來，一段一段地換車，不管是巴士、迷你巴士，或共乘計程車。只要一上車，就『故意』讓全車的人都知道我的下一個及下下一個目標，這樣大家才會知道你要做什麼，會幫你想好如何轉車，並在適當的地方把你丟到下一個交通工具上！但無論如何，我必須在下午五點以前抵達 Kara Jygach，搭每天唯一的一班巴士深入那條路上最後一個村落 Arkit，還好阿拉有幫忙，我一路上都很順利，且在 Sary-chelek 湖生態保護區的大門外順利找到住所。

終點 lake Sary chelek

Arkit   Kyzyl-kul
1.5hr
      1.2hr
Kara Jygach

Tashkömür

2hr

Jalal-Abad

1.5hr

起點 Osh

這是受 UNESCO 保護的生態保護區，外國觀光客要進到此區，須付 20$.，大門有人看守！

一個小村子，在此可轉巴士或共乘計程車到其他地方，看起來很鳥，但其交通地位其實很重要，每逢週四有流動市集，附近村落的居民會聚集到此購物，我在小店吃蒸羊肉包子，結果他們請我吃西瓜！

一個小城鎮，昔日因採礦而繁榮，但吉爾吉斯獨立後，蘇聯時代的採礦業停擺，漸沒落

一個較大的城鎮，交通四通八達，也有大學等機構設立。

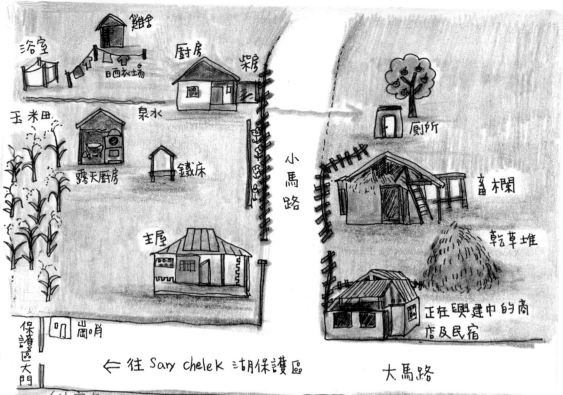

浴室

雞舍

廚房

糧房

晒衣場

玉米田

泉水

露天廚房

鐵床

主屋

崗哨

小馬路

廁所

畜欄

乾草堆

正在興建中的商店及民宿

保護區大門

← 往 Sary chelek 湖保護區

大馬路

（住宿每人 200 Som
三餐全包，一日 100 Som）

KLIMBIЗ 小雜貨店（超迷你！）

Kate的家就在往 Sary chelek湖保護區旁，民宿才開張第二個月，不過據説會附設 Banya 蒸汽浴的民宿尚未蓋好，所以我是住在他們的主屋中，主屋很大，有3個房間和大小兩個客廳，我住的是位置較偏裡面的大客廳，房間鋪了地毯及由 kate 祖母手工製作的 shrydak，牆上並懸掛地毯，他們為我鋪了舒服的睡墊，是很舒適且私密的空間。吉爾吉斯的民宅不似烏兹別克那樣用高牆築起藩籬，頂多弄個矮籬笆做區隔，家家戶戶感覺聲息相通，且空間配置方面，看起來好像是想要蓋什麼就找個地方蓋，所以建築物東一個、西一個地。　187

8月12日 (二) 鄉間生活

屋頂斜度大,宜
冬日排雪,積雪
才不會壓垮屋頂

主屋:內有客廳.
玄關,及3個房間。
我住在大客廳 (鋪
上坐墊,關上門,
就是舒
適的房間)

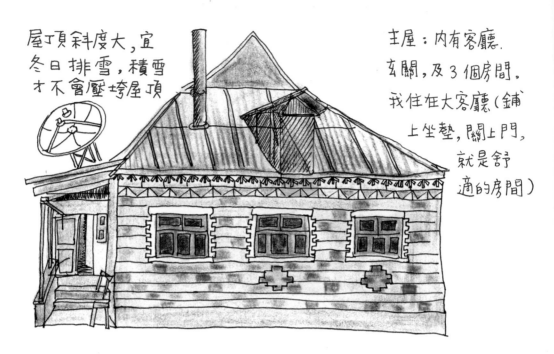

廚房

→ 屋頂架高後,
多出來的空間
當儲藏室

→ 放木
柴的地
方

一進廚房有個房間,地面略高起,鋪
了地毯,他們平常就直接在地毯上
擺了盤子削馬鈴薯、捍麵等。

188

庭院裡的鐵床，上面放置生活用品

在庭院裡的露天廚房

洗衣中....

牲畜住的畜欄，屋子上方儲存備乾草，以備冬季所需

畫圖到一半，kate的爸爸突然從廁所走出來，大家一定要我把kate爸爸畫入日記不可！

kate's father

在蘋果樹下的廁所

夏季用的露天簡易浴室

189

吉爾吉斯傳統毛氈帽,
也有純白的!

★傳統毛氈帽的另一種
戴法: 帽緣不向
上摺,反而
往下拉,可
保暖!

small eyes
吉爾吉斯人的眼
睛很小

花頭巾

格子襯衫
十分''

小眼睛

由背後看,
阿婆的頭髮
綁了小辮子,
小辮子末
端以美麗
的串珠繫
著當裝飾

衣服紮
進褲子裡

連身長裙

穿長靴

chudama
黑色背心,
邊緣有金
色花紋滾
邊!

★阿婆的長靴祕密:
阿婆的長靴外面會套另一雙
膠鞋,進入室內時,會把膠鞋
脫掉,但不脫長靴,真神奇

Uniform   (elementary school)

銀白色
大蝴蝶結

銀白色
背心裙

腰間用別
針別了一條
銀白色手帕

可以穿任何
型式的鞋子，
拖鞋也没關係

之前在市集看到這裡有賣很像女僕裝的衣服，我還以為那真的是女僕裝（最好是啦！這裡大部份的人都很窮，應該很少人會請女僕吧！而且這裡的女人都很會做家事，粗活也難不倒她們，没必要請女僕！），今天看到民宿主人的女兒Dia拿出這套衣服給來自都市的小堂姊試穿，我才知道原來這是小學女生的制服，不過只有鄉下的小學才有這樣的

制服，其他大土城市，ex:Bishkek 比斯凱克，她們穿其他形式的制服。Dia上的小學就在村子裡，走路約15分鐘，一班約30個學生，但如果要上中學，就得到較遠的地方，例如Dia的姊姊Kate 就是到Tashkömür上俄國學校，畢業後到Jalal-Abad 念大學，主修英語。

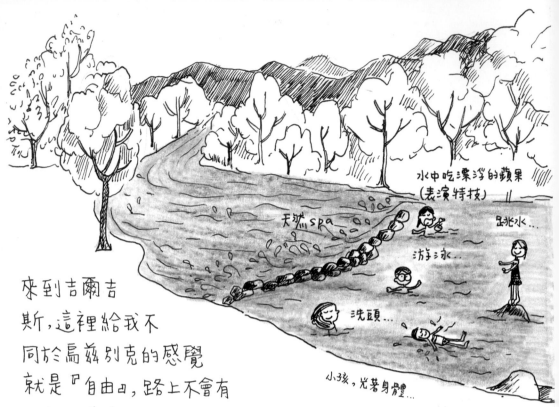

水中吃漂浮的蘋果
（表演特技）

天然spa

游泳...

跳水...

洗頭...

小孩，光著身體...

來到吉爾吉
斯，這裡給我不
同於烏茲別克的感覺
就是『自由』，路上不會有
一大堆警察盤查，入關手續也很鬆散，連海關申報表
都不用填，很多事情都可以混過去，游牧民族以天地
自然為帳幕，那股自由不受拘束的氣質在他們的身上十
分明顯，他們對女生的約束也比較少，在中亞國家中，這
是女生可享有較多自由的國度，雖然信奉伊斯蘭教，但
因為游牧的關係，他們很少去清真寺，對女性服飾
的約束也不嚴格，今天我問 Kate 我何時可以使用浴室
洗澡，她建議我下午兩點時陽光較暖，可以到溪
邊游泳兼洗頭洗澡，下午時，看著她們穿著泳衣在
溪中戲水，真不敢相信，這在烏茲別克是不可能發生的。

我們游泳的天然泳池雖號稱『天然』，但其實也不是憑空出現的，這是小男孩們的傑作，因為溪水不深，只能戲水而不能游泳，故小男孩們會通力合作，搬石頭築壩擋水，就成為泳池了！村子裡的小溪有好幾個這樣的泳池，小溪的水來自高山上的湖泊，而湖泊水源則來自天山雪水，溪水很冰冷，所以下午兩點左右去游泳最好！

夏天：未築壩前，小溪輕快歌唱

天然spa　石頭　天然泳池

夏天：築壩後，天然泳池出現了

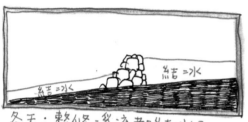

結冰　結冰

冬天：整條溪流都結冰了

春天：融雪時，洪流把壩沖垮

小男孩的童年大部份都是在玩耍，不必做任何家事，但他們會陪父親上山學習騎馬放牧的技能，吉爾吉斯人的家庭生很多小孩，以增加人手協助家中大小事，如果多生男丁，等於是多一個放牧的幫手，故男丁很受重視；而和烏茲別克的傳統一樣，吉爾吉斯也是由家中最小的兒子繼承家屋，與父母同住，其他男丁則各自出去成家立業。

193

吉爾吉斯人的禮節～

1.

無論男女，見面時，會用右手握手。即使騎在馬上時，他們除了打招呼之外，有時也會握手。（連小小孩見面也握手，好笑！）

2.

kiss

阿婆有如老鷹抓小雞！

（當時的表情）

年紀很大的阿婆見到小孩或年紀輕的婦女時。阿婆一定會輪流親吻小孩及女孩們的臉頰，有時是一下，有時左右臉頰各一下

3.

Amin

和烏茲別克人一樣，吉爾吉斯人吃完飯後也會將手掌掌心向上做碗狀，再往臉上做類似洗臉的動作，稱 Amin

4.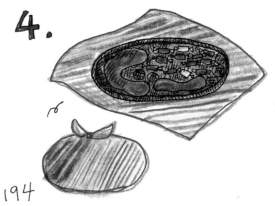

到別人家做客，通常會帶點小禮物，多半是餅乾、糖果或點心，用扁平狀的籐籃裝著，再用花布包起來，有時也會送水果，例：西瓜一大個。

194

吉爾吉斯人的風俗：搶婚
(bride kidnapping)

昨天我和 Kate 坐在小山坡的草地上聊天，她是大學英語系二年級的學生，她說班上有 30 個同學，只有一個是男生，很多人畢業了就去當英文老師，但她不想，她說此地對女生而言，最適當的工作是當老師，工作時間固定，又可照顧家庭，但她覺得當老師很無聊，且每個月薪水只有 50 美元，她希望可以在城市裡找到其他工作，但這件事並不容易，因為大多數的女生 18 歲開始，父母就會開始為她們物色結婚對象，女生如果超過 25 歲還沒結婚，如同失去價值，有時會先訂婚，幾年後才結婚；不過一直到現在，吉爾吉斯仍有一種『搶婚』的風俗，那就是，如果男生中意某個女生，可將其擄至家中成婚。

在黃昏時搶走新娘

當男人把女生擄回家中，家中成員歡欣鼓舞，女人們則七手八腳幫那個

女生包上白色頭巾，象徵成為新娘；Kate 說她媽媽就是她爸爸搶回來的，現在也是快快樂樂地生活，不過，我說晚上還是別單獨在路上走，以免成為吉爾吉斯人的新娘。

8月13日 (三) 去湖邊游泳

來這裡的主要目的是要去欣賞 Sary-chelek 湖的美好風光，我雖然就住在 Sary-chelek 保護區大門外，但聽說外國人要進保護區，要付 20 美金（本地人免費），而且通過大門後，還得步行爬山 3~4 小時才能抵達湖區，天真的我一直覺得天底下沒有走不到的地方，我打算自己走上去，kate 說這樣太累了（因為她們每年夏天都會開車或騎馬上山，全家去摘野果，做一年份要用的果醬），kate 的爸爸說如果我付 300 som，他可以開車載我上去，且通過保護區大門時，我可以偷偷暫時躲在車椅下，就可以省下門票錢了（他們也覺得 20$ 太貴了！），就這樣，我，kate，及小妹妹 Dia 和堂妹 Samara 一起去湖邊游泳、野餐！

我們一路上和許多載滿乾草，有如刺蝟的車相遇！

後座載了要去山上找牛媽媽的小牛

哞—

驚

黑

瀏海好酷~

碎石路好難走啊！

(kate 在跳水！)（我的水彩畫得好醜喔！）

I ♡
Love
Love
(假刺青！)

高山上的湖水，美得像一則傳說，遠處的
山峰頂部仍堆積著皚皚白雪，微風把
湖面吹醒，露出微笑的漣漪，湖水的
顏色遠看是藍綠色，近看就變成寶石似
的土耳其藍；我們找了一處無人地帶跳
水游泳，拿出色筆寫生，我和Samara
互送對方一張畫，大家還拿水溶性
鉛筆互相紋身，不過一下水就掉色了。

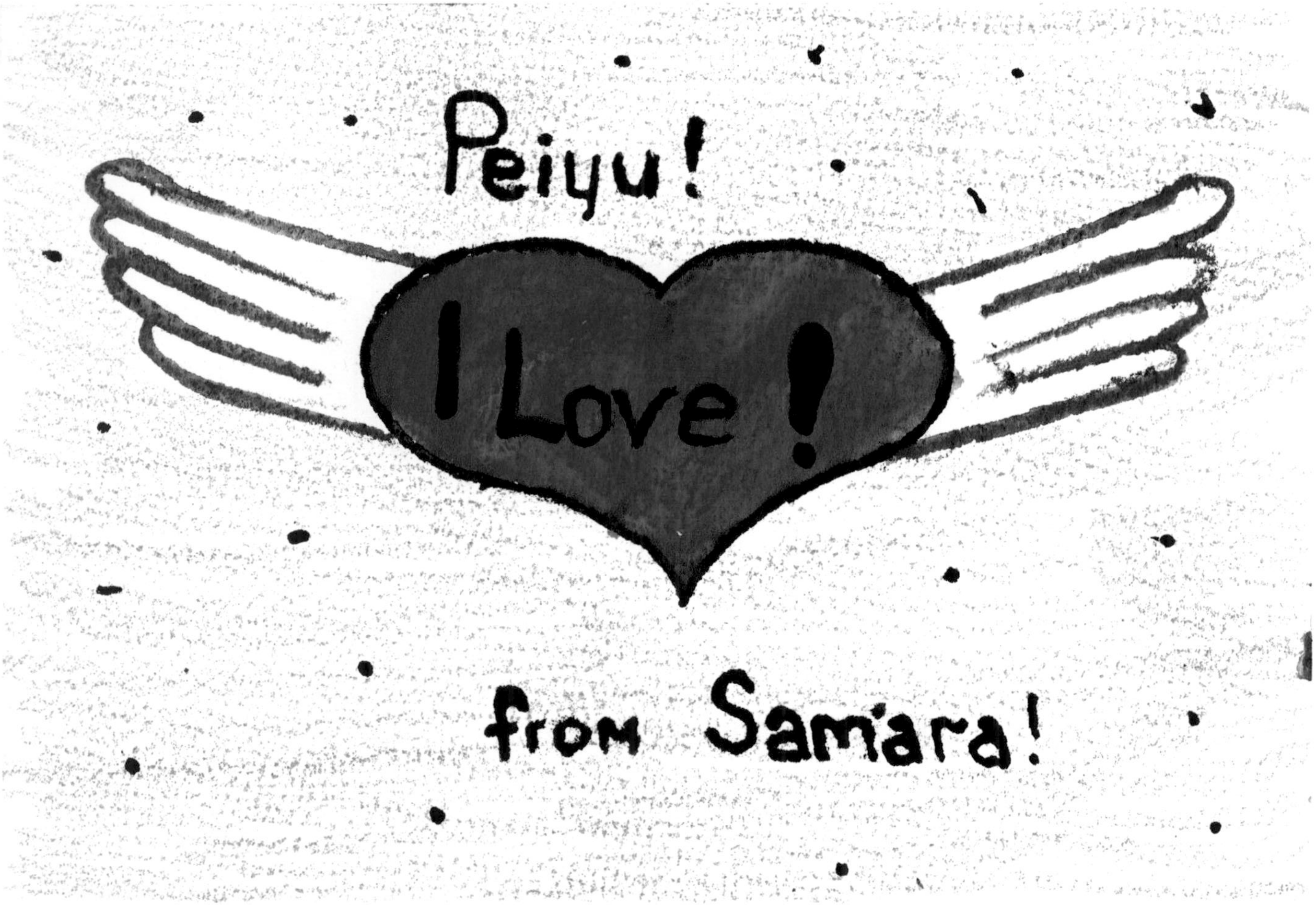
Peiyu!
I Love!
from Samara!

小女孩的家事學習

Dia 和 Samara 兩個小女生一
起去撿柴回家燒，枯柴用
一根麻繩綁著背在身上，
雖然力氣小，但他們還是
很努力地幫大人的忙，我說
我也可以幫忙撿柴，但她們
用手勢告訴我：『你一起去，但
你欣賞風景就好了！』

九歲的可愛 Aidai，年紀小，
卻自己用小水盆洗、晾自己
的衣服，還把被單也一起
洗了！(不過洗不太乾淨但十分努力)

昨晚有個附近鄰居家中的客人
說要約我去他家聊天，那人英文
流利，不過因為是男的，又約晚
上，所以我推辭了，我說我一
個人旅行，晚上不會在外面行走
，這樣比較安全，那人笑我難
道怕被搶婚嗎？不過，kate
說雖然村子裡很安全，但
晚上還是別出去比較好，尤
其如果在山上放牧，還得小
心狼群；我想如果我被
『搶婚』，那麼，搶到我的
男人大概會吐血，因為這裡的
女人很能幹，而我什麼也不會做，
她們不但會做所有的家事，而且
還善於騎術，騎馬載小孩
上山放牧也沒問題，且大部
份的食品都自行製作，閒
時還縫紉或將羊毛染
色製成氈毯。

199

8月14日（四）　儲備蔬果好過冬

eggplant 茄子
tomato 蕃茄
cucumber 黃瓜
garlic 大蒜
green pepper 青椒
chilli 小辣椒

今天是週四，是 kara Jygach 的流動市集日，Kate 的爸媽很早就帶著小兒子上市集採買，今天要醃漬蔬菜，為整個冬天做準備，所以他們買了好幾袋蔬菜，中午略做休息後，下午就展開浩大的準備工程。

1. 除了蕃茄之外，其他蔬菜，例如：茄子、黃瓜，都先削皮，青椒則去蒂、去籽（我不太會用刀子削皮，所以把青椒去蒂、去籽的工作是我負責的！）

2. 所有的蔬菜洗淨、切丁

3. 把鹽巴加入已切丁的蔬菜中

4. 在玻璃罐中，放入月桂葉、胡椒粒等，還有其他不知名的香料，有的罐子裝未切丁的整顆蔬菜，這種放未切丁蔬菜的，必須倒入熱水，把蔬菜燙熟，再將水倒出，再重新倒入熱水，如此動作需反覆多次。之後加醋，再加熱水，之後將瓶蓋旋緊。

倒入熱水中

用石頭搭成的爐灶

灶邊總會放個水壺，煮東西的時候，順便煮開水

5。就算冬天，也要換口味：另一種罐頭做法！把切丁蔬菜用油炒熟。（先放油熱鍋，再放洋蔥，然後是茄子、青椒、胡蘿蔔，再來是蕃茄，用火熬煮）。熬煮完畢再裝罐。

因要做的罐頭太多，灶不夠用，故在草地上另起一個灶

神奇小物

瓶蓋

家家戶戶都有這種可以旋緊瓶蓋的小道具，堪稱必備單品

201

回憶～我在民宿吃的食物～

Kate家有養牛、羊、馬，不過在夏季都已經趕上山吃草，必須到夏末才會離開夏季牧場，回到平地過冬，因此她家的畜欄現在是空的，不過，她家的食物幾乎都是自製的，她說每年夏天，全家會一起上山採水果，在山上做好一整年要吃的果醬，然後下山；而在她家吃的東西多半和羊有關，怕羊味的人絕對無法在吉爾吉斯生存，還好我在中亞已經混了一個多月，對於『羊味』已經很習慣了！

出門旅行，每一日都有不同的新鮮事在發生，不趕快記下來，很容易遺忘，我努力地回想這幾天到底吃了什麼？記憶竟開始模糊了......，他們真的對我很好，有什麼吃的、喝的，絕少不了我一份，連小小堂妹Aidai用有限的零用錢去買珍貴的泡泡糖，都會給我一顆！吉爾吉斯人很愛分享，如果家裡正好在吃東西，而有人從家旁邊走過去，一定會請那人一起過來吃，而那人也會象徵性地取用少許，以答謝對主人的熱情！

→ 瀏海很多、很長
用小夾子夾起來

→ 喜歡唱歌跳舞

→ 褲子的拉鏈壞了，
拉鏈不停地跑掉，
害她很不好意思

珍貴泡泡糖

抓飯，加了很多羊油下去煮，羊味很重

油炸羊脂肪，也就是油炸羊肥肉，有點鹹，這道菜可以配麵包吃，煮湯或其他菜餚時，也可以丟幾個下鍋，增加香味！

Jarma

kate 的媽媽自製的 Jarma 飲料比街上賣的好喝一萬倍，她用後院栽種的玉米晒乾搗碎，加水煮滾，再等它涼，然後加入 Suzma（一種用羊奶發酵，瀝乾水份，粉粉的，像起士的東西），大概先再等個 2 小時就大功告成了！

羊腸 羊胃 羊肝 馬鈴薯 包心菜 胡蘿蔔

Dymdama

這道菜的『羊味』很重，是一大堆知名與不知名的羊內臟，再加上蔬菜燉煮而成！

grechca

用一種叫做 grechca 的穀類悶煮而成的飯，調味方式有很多種，kate 的媽媽加了羊肉，胡蘿蔔及油炸羊脂肪，而我曾遇過的以色列背包客也煮過這樣東西請我吃，他們只加了葡萄乾，就很美味！

自己包的，好吃！

samsa

這是烤羊肉包子，最好吃的烤包子是用 tandir 泥爐烤出來的，皮脆好吃，烤箱烤的不好吃！形狀有很多種，但我包得很醜！

203

黃色奶油
Saru mai
+
honey
蜂蜜
⇨
超好吃

Kate 媽媽自己用牛奶提煉的奶油，和山上產的蜂蜜拌在一起，沾著饢吃，真是人間美味。

木頭做的塞子！↑

Kymys
馬奶酒

↗皮製

牧民用大鐵筒裝馬奶酒，用棍子攪拌

以前牧民用來裝馬奶酒的容器

馬奶酒號稱吉爾吉斯國飲，是牧民帳棚中不可缺少的飲料，只有夏天才有，在市場也可能買得到，喝起來有一股煙燻味及酒味，這種用馬奶釀酒而成的飲料據說對健康十分有益。

這裡有一堆牛糞，但我們蹲在那裡吃東西，面不改色

然而，在所有關於食物的回憶裡，最讓我印象深刻且念念不忘的，是那日在 Sary-Chelek 湖畔的野餐，我們原本把食物忘在家中，沒有帶上山，但 Kate 的弟弟搭其他遊客的便車幫我們送食物來，我們一起蹲在湖畔野餐，其實那只是幾片餅乾、饢、還有一個魚罐頭，可是我們吃得好快樂、好開心、好滿足。

8月15日(五) 全吉爾吉斯最美麗的公路

這個村子只有唯二兩輛公車，一輛小紅，另一輛小黃，早上七點由村子中心的巴士站發車，下午大概七點左右又會回到村子，家裡沒自用車的村民對外交通全靠這外型老舊，卻老當益壯的古董巴士，它走在碎石路上的功力可是一點也不含糊 (村子裡沒有柏油路!)；今天負責開巴士的是上回載我來的那位司機先生，巴士總是擠滿了乘客和生活必須品，而且不斷地有人上車，現在我總算明白了巴士的讓位法則，只要有老人 (無論男女) 或抱著嬰兒的婦人上車，就一定有人會讓座，而必須起身讓位的順序，第一是小孩，第二是男人，第三才是其他女人，而我是外國人，等於是『客人』，吉爾吉斯人對客人是十分禮遇的，有好幾次我要起身讓位，眾人都一齊對我擺手，硬是把我按下來，要我好好坐著，今天不曉

得是學校的什麼日子，小學生全擠在車上，然後一起在學校下車，小女孩好多都在頭上紮兩朵大花，真可愛。205

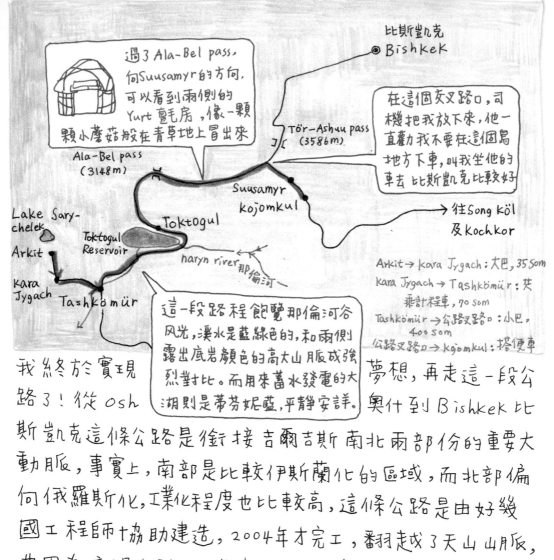

過了 Ala-Bel pass, 何 Suusamyr 的方向, 可以看到兩側的 Yurt 氈毛房, 像一顆顆小蘑菇般在青草地上冒出來

Bishkek 比斯凱克

在這個交叉路口, 司機把我放下來, 他一直勸我不要在這個鳥地方下車, 叫我坐他的車去比斯凱克比較好

Tör-Ashuu pass (3586m)

Ala-Bel pass (3148m)

Suusamyr kojomkul

Lake Sary-chelek

Toktogul

往 Song köl 及 Kochkor

Arkit

Toktogul Reservoir

naryn river 那倫河

Kara Jygach

Tashkömür

這一段路程飽覽那倫河谷風光, 溪水是藍綠色的, 和兩側露出底岩顏色的高大山脈成強烈對比。而用來蓄水發電的大湖則是蒂芬妮藍, 平靜安詳。

Arkit → kara Jygach: 大巴, 35 som
Kara Jygach → Tashkömür: 共乘計程車, 70 som
Tashkömür → 公路叉路口: 小巴, 400 som
公路叉路口 → kojomkul: 搭便車

我終於實現夢想, 再走這一段公路了! 從 osh 奧什到 Bishkek 比斯凱克這條公路是銜接吉爾吉斯南北兩部份的重要大動脈, 事實上, 南部是比較伊斯蘭化的區域, 而北部偏何俄羅斯化, 工業化程度也比較高, 這條公路是由好幾國工程師協助建造, 2004年才完工, 翻越了天山山脈, 也因為這條公路的修建, 使 osh 奧什所在的費爾干納盆地不再孤零零地像個和吉爾吉斯不相干的棄嬰, 不過, 正因為自然環境之險阻, 使這條公路面臨嚴峻的挑戰, 每年的 10、11月到隔年 2、3月, 公路幾乎面臨停駛封閉狀態, 冬季路面結冰、大雪封山, 而春季融雪之際, 多土石流、山崩, 路面維護不易。

去年的經驗：因為簽證出問題，吉爾吉斯警察好心地塗改了我的出入境紀錄，要我從遙遠的 osh 趕到首都 Bishkek 比斯凱克去弄新簽證，我們抵達機場時，前往比斯凱克的班機已經飛走了，心急如焚的我們只好包一輛計程車，展開一場由下午一點到半夜一點，為時12小時的飆車之旅，心驚膽跳。

司機是個單親爸爸，他很想賺這趟車資，但小孩無處安置，所以他乾脆把小孩一起帶著，沿路狂飆，害我一邊憂心簽證，一邊以為自己會葬身在此！

哇！原來這才是最美的吉爾吉斯，我們在大山的懷抱裡，牧民的氈房好像白色小蘑菇，司機在三千多公尺高的山口讓大家休息一下，車外冰冷的空氣讓人發抖！午夜時分，抵達華燈閃爍的首都，真有種踏上外星球的感覺，而住進一間無敵黑洞旅館，更是外星球中的外星球。

在點點回憶中，靠著無數人的幫忙，在公路叉路旁攔了滿載牧民的工作車，今天我終於順利地由 Arkit 前往 kojomkul，這個山谷風大而且超冷，我不知自己哪根筋不對了，來這做啥？ 207

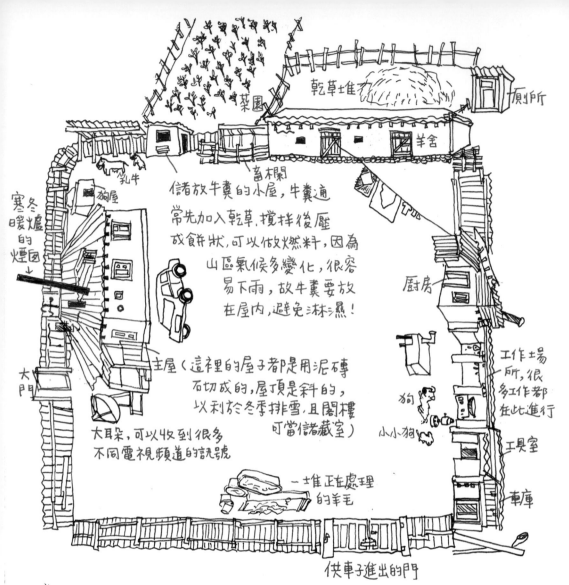

這裡的屋舍空間配置和畜牧生活很有關係，每一戶人家
都有養狗，狗可以照看畜群並可看家；這裡的樹很少，
很少枯枝可以撿來當燃料，所以大家都以牛糞當燃料，
吉爾吉斯的小村子通常都沒有門牌號碼（如果要寄信
的話，寫上戶長的姓名即可！），我是靠著紙條上寫的
名字"Aibek Myrsahmatov"直接問人找到民宿的。

Manas

吉爾吉斯婦
女傳統服飾
(在市集仍有賣)

(此圖是由一
本吉爾吉斯故事書   參考改繪而成!)

吉爾吉斯人
的傳家書 Manas
↓

MAHAC   MAHAC   MAHAC   MAHAC

在民宿的書架上,看到標示著 "MAHAC" 的書,我知道那是瑪納斯(Manas),一部史詩,敍述首領瑪納斯領導族人對抗異族的故事,這部史詩傳承著吉爾吉斯族的民族情感,瑪納斯是他們的民族英雄(首都機場以此命名!)這部史詩是以口傳方式流傳,民宿女兒 Umut 告訴我她們中小學時會學習演唱 manas,書是傳家之寶。

209

tushak

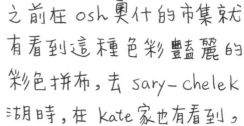
之前在 osh 奧什的市集就
有看到這種色彩豔麗的
彩色拼布,去 sary-chelek
湖時,在 kate 家也有看到。
而現在住的這間民宿的女主人
用一双巧手,更是把這種拼布
工藝做到極致,舉凡家裡的
睡墊、椅墊、掛飾、放鍋子用
的隔熱墊……等,都是她用
巧思配色、設計圖案縫製
的,用各種長條形、正方形、
三角形的彩色布去做圖形
及顏色層次變化,很厲害。

之前在烏茲別克所使用的睡墊都是塞棉花,而這裡是
天山山脈之中的谷地,沒有棉花,但是有羊毛,民宿女
主人今天去拿了一堆黑色及白色的羊毛,先泡在水中洗乾
淨,之後再晾乾並弄得蓬鬆,再放進她手工縫製的
tushak 睡墊套子中,羊毛很溫暖,這裡的夏天像冬
天一樣冷,我每天都睡在一堆羊毛睡墊及被子中。

Kremche，是由民宿女主人親手縫製的，以每一方格 5 cm × 5 cm 的彩色布拼成，掛在客廳中，簡直就像一幅馬賽克鑲嵌壁畫，一筆一畫地畫下它，更能感受手工創作之不可取代。

211

8月16日（六）騎馬上山

今天的行程是和民宿老闆的女兒一起騎
(Umut)
馬上山，因為有去年的 Horse trekking 經驗，
騎馬這件事不再陌生和困難，騎馬的時候不
要緊張，因為馬也會感染緊張的氣息，而略
顯焦躁，這次我試著全身放輕鬆，跟著馬
匹的節奏，比較不覺得那麼辛苦了！供人騎
乘的馬匹通常已經訓練得溫和馴良，只要
控制韁繩，例：
左拉或右拉，或
勒緊，馬就會乖
乖聽指令。

馬鞭，只要用
這個打馬屁
股一下，牠就
會前進！或
者加速！

馬鞍

馬鞍前的凸起處，
需要平衡時，我
會緊握它。

討厭的蚊蟲，尤其是蒼
蠅，一直跟著馬，馬隔一
段時間就會用鼻孔噴氣
212 轟走牠們！

我騎的這匹馬一逮到機會
就沿路吃草，牠一低頭，握
著韁繩的我就快被拖下去！

河流兩側的平地上，有成片的金黃色麥田！

Peiyu的地理教室！(我好認真！)

主題：transhumance 山牧季移

夏季在高地上

* 是一種垂直性的游牧活動
* 主要分布於溫帶的高山
* 初春，冰雪漸融，牧草茁長，牧民驅牛羊上山放

牧，草盡後，更盤旋而上，經過好幾次轉場移動，直到夏末秋初，山上天氣轉寒，草漸枯，牧人再驅區趕牛羊下山，回到平地，實施欄牧，以乾草為飼料，以待來春再上山。

* 吉爾吉斯名詞解釋：
  jailoo：夏季牧場
  bosuy：氈房 (有兩種!) →

方形的! 圓蘑菇狀! cute!

* 在吉爾吉斯，最能體驗山牧季移生活的最佳觀光區位在中部，從 Suusamyr 到 Naryn 一帶，是屬於天山山脈的範圍。

今天騎馬的範圍是低平的 Suusamyr 河谷地帶，騎馬真奇妙，輕輕一蹬，就走入了山的懷抱，我們遇到 Umut 的地理及物理老師，他們趁放暑假上山，放牧貼補家用。

校長也來了嗎？

割草中的地理及物理老師，儲存草料，以備冬季之用！

8月17日(日)懶惰日

今天是一整個懶惰的日子。這個小村子只有一百多戶人家，大部份的屋子都沿著唯一的一條路而建，是很典型的『線狀聚落』，一眼就可以看完了！我想，對於那些一定要有什麼景點可看的觀光客而言，這個地方應該是鳥到極點吧！村子中心有個超小博物館，門口放了三顆石頭，據說是 kojomkul（也就是這個村子命名的由來！）這個身高2.3公尺的巨人和他父親曾搬過的，kojomkul 是村民眼中的守護神……。除此之外，沒別的了！但我決定多住一天，這個小村子讓我覺得天地如此蒼茫孤寂，無所事事的我今天不是在屋子裡讀書，就是外出散步寫生。

215

在氈房（<u>yurt</u>_{英文}）中被招待的食物，多半
也都是來自牛、羊的奶類製品，氈房
內擺了桌子，我們坐在 shyrdark（羊毛氈
毯）上吃東西！

nan
麥麵包

吉爾吉斯國飲
Kumys（馬奶酒）
只要去氈房，就會
被招待這樣東西！

Salermy
一種黃色的
奶油

Kaymak
一種白色的
奶油

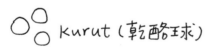 kurut（乾酪球）

chay（茶）

自從離開南部的 osh 之後，
我就再也沒有喝過綠茶了！
綠茶可以解暑，而這一路走
來，從 sary-chelek 湖，到
suusamyr valley，海拔高度
愈來愈高，也愈冷，大家喝紅茶！

這幾天在 Suusamyr vally 吃的餐點，不是十分地『牛』，就是十分『羊』，這裡海拔高度平均值是2200公尺，看不到樹(很少，只有三河流兩側有!)所以沒有產水果，蔬菜則只看到馬鈴薯! 再這樣吃肉下去，我想回台後，我可以吃素一年!

1° 早餐 karsha： 新鮮牛奶＋穀類頁
(例如：米) 去煮，吃的時候可以拌糖或奶油!

2° 其他餐：kuurdak：羊肉及羊內臟及馬鈴薯，加很多油去煮!

manty：蒸羊肉包子

shorpo：這道十分常見，內有羊肉、馬鈴薯、蕃茄、洋蔥等，煮成紅色的湯!

217

8月18日 (一) 抵達 Kochkor

今天又是移動日，穿過庭院去上廁所，抬頭看遠山，就像是泡在一杯濃牛奶裡，山區的天氣不穩定，昨天傍晚及夜裡各下了一場雨，冰冷的空氣讓人感到刺骨的寒，我只是這裡的過客，待兩三天就走，但對這裡的人而言，這卻是他們每天必須要面對的『生活』，包括這樣的溫度、這樣的生活節奏……，而對於那些在山上放牧、以氈房為家的人而言，生活倍加艱辛吧！但他們應該早就習慣了，而且很清楚地知道如何與大自然相處；我翻翻翻手上的指南書，上面寫著：『冬季時，這一處山谷被大雪覆蓋，對外交通中斷，有如處在銀白世界中的孤島……』，那冬日裡銀白的世界，應該很美吧！

九點多時，濃霧漸漸散開了，山峯的頂部一點一點地露出來，那些正巧落在山腰水氣凝結高度的雲霧還沒散開，環繞在山腰，遠遠看過去，就像一條白色的腰帶。

計程車接了我，又到山谷接其他乘客，坐滿才上路。

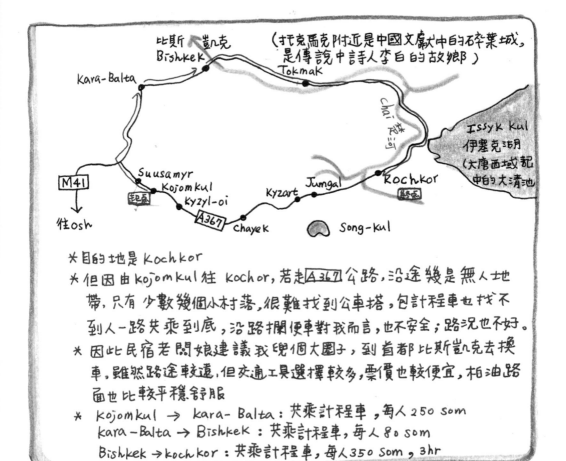

（托克馬克附近是中國文獻中的碎葉城，
是傳說中詩人李白的故鄉）

* 目的地是 Kochkor
* 但因由 kojomkul 往 kochor，若走 A367 公路，沿途幾是無人地
　帶，只有少數幾個小村落，很難找到公車搭，包計程車也找不
　到人一路共乘到底，沿路攔便車對我而言，也不安全；路況也不好。
* 因此民宿老闆娘建議我繞個大圈子，到省都比斯凱克去換
　車，雖然路途較遠，但交通工具選擇較多，票價也較便宜，柏油路
　面也比較平穩舒服
* Kojomkul → kara-Balta：共乘計程車，每人 250 som
　kara-Balta → Bishkek：共乘計程車，每人 80 som
　Bishkek → kochkor：共乘計程車，每人 350 som，3hr

一路上，我不斷地向外張望這氣氛寂寥的山谷，
看到一對西方臉孔的父母領著一雙兒女騎單車在
路上奮力踩踏，如果有人向台灣父母提議帶小孩
來吉爾吉斯騎單車，台灣父母應該會嚇得臉
色發白吧！台灣父母總是極力呵護小孩，怕小
孩太累，太辛苦，大多花錢讓小孩參加保母隨侍在
側的觀光團、遊學團，『直升機父母』始終在小
孩左右盤旋，小孩永遠長不大。

在連夏季都很低溫的山區享受蒸汽浴，真是至高無上的享受啊!!

石頭

盛著水容的器!

木頭做的台階

▲ Banya（浴室）中享受 Sauna 桑拿浴

Koch kor 所在的楚河流域，是一片綠野平疇，折騰一天的我只想好好洗澡休息（我四天沒洗澡了!），Sauna 桑拿浴是家家戶戶的基本配備，我買了一捆橡樹枝葉，一邊享受受熱氣蒸浴，一邊拍打身體，超暢快啊!

芳蘭的桑拿浴是用樺樹枝葉，但此地看到的是橡樹。

Pioneerskaya

Orozbakova

Bazaar 市集

Kuttuseyit uulu shamen

Aaly uulu sapar

由此向南看，天山山脈的冰斗清晰可見

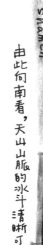

101號

每人每日190 som
熱水澡 50 som
包三餐 190 som

（但要小心那裡有一個過於熱情的阿公!）

220

8月19日(二) 莫名其妙包了Song-kul行程

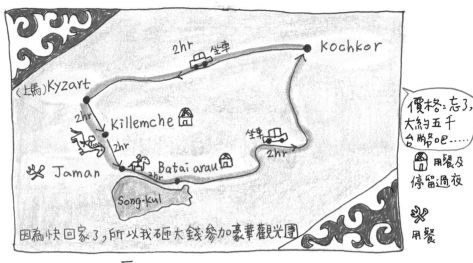

（上馬）Kyzart
2hr 坐車
Kochkor
Killemche 🏠
2hr
2hr
坐車
2hr
Jaman
Batai arau 🏠
2hr
Song-kul

價格：忘了,
大約五千
台幣吧......

🏠 用餐及
停留過夜

🍴 用餐

因為快回家了,所以我砸大錢參加豪華觀光團

For 3 days (by horse)

我的背包
綁在馬的
側邊!
↑

It is started from kyzart village
(the closest village to the lake)
through killemche and char-Archa
jailoos. There is one pass before the
lake "Jalgyz-Karagay"(3300m). Two
over nights in the shepherd's yurts.
First night in kilemche jailoo,
second night in the east place of
Song-kul and third day after
breakfast leave to Kochkor by car.

這一切都是極端莫名其妙,因為原本我只打算搭車去
Song-kul 住個一兩天再回來,我不想再騎馬了!但是,
去 CBT 問價格時,遇到一對法國情侶,他們打算
參加三天兩夜的 horse trekking 行程去 Song-kul,我

221

的心於是開始動搖，後來就變成我們三人組一個小團。分攤 Guide 及計程車的錢，一起去 Song-kul 騎馬健行，除了 CBT 之外，我們還去了別的背包客介紹的 jailoo 旅行社比價，jailoo 的價格較低。少了一千元，不過因為法國情侶趕時間，想馬上出發，所以我們最後選擇了可以『馬上』幫我們安排車輛及馬匹的 CBT（這個『馬上』實在太『馬上』了！我只有半小時時間衝回旅館打包輕裝背包，把大件行李留在旅館。連換錢的時間也沒有，最後我掏空了身上的吉爾吉斯幣，加上一部份美金才付清了行程款項！）

為什麼要花大錢包觀光行程呢？嗎～因為我好久沒當觀光客了，好想當觀光客舒服一下，而且可以用英語跟其他人聊天真好，再不開口講話，我就要得自閉症了！我只想聊天，講英文也沒關係。

果然是給觀光客走的行程，騎馬大概兩小時就到今晚的住宿 Yurt（氈房），不過我太久沒運動了，還是覺得手和背部快殘廢了，當其他人和我聊天時，我覺得我在強顏222歡笑。我快變 O 型腿了！

O型腿

CBT 給觀光客住的氈房就在牧民的氈房旁邊，牧民並會協助打點住宿及用餐事宜，他們很和善溫暖！

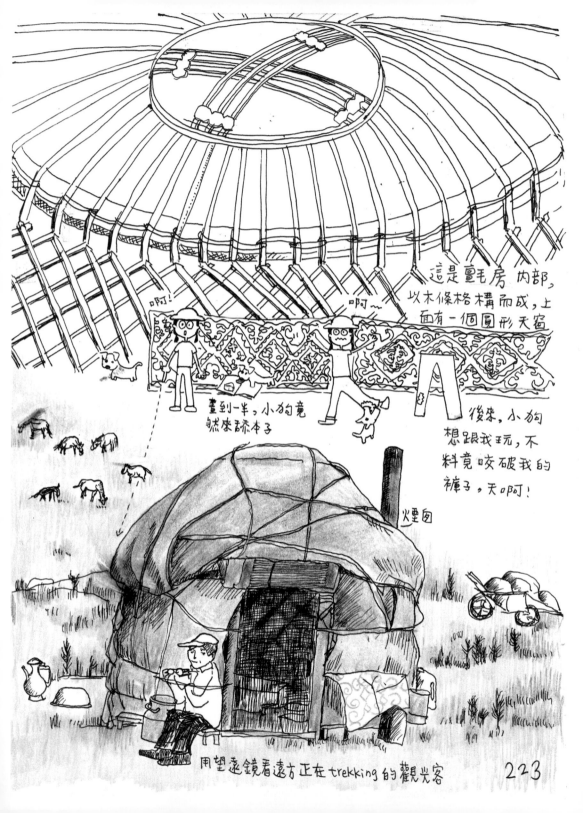

這是氈毛房內部，
以木條格構而成，上
面有一個圓形天窗

啊！

啊～

畫到一半，小狗竟
然來舔本子

後來，小狗
想跟我玩，不
料竟咬破我的
褲子。天啊！

煙囪

用望遠鏡看遠方正在 trekking 的觀光客

223

8月20日(三) 騎馬健行

如果沒有實地到山上看看 jailoo (牧民的夏季牧場)，大概很難體會為何吉爾吉斯的國旗會做如此設計？中間有一個四十道光芒的太陽，象徵生氣勃勃、生生不息，而在太陽的中間是每組三條、互相交叉的兩組線條，這是傳統民居 Yurt (氈房) 的天窗，代表吉爾吉斯人的古老傳統，是他們的生活方式。

當我騎著馬，翻越山頭，見到炊煙由氈房裊裊升起，不禁想起旅遊書上寫的一段話："May smoke always rise from this yurt! May the fire never go out in it!"，只要炊煙持續升起，那代表著生命在氈房內穩固地傳遞著，儘管大自然如此不可預測，但氈房依然在山裡、在草原上屹立不搖。

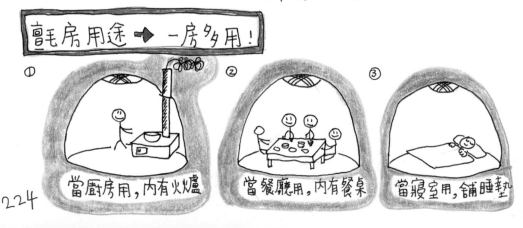

氈房用途 ➡ 一房多用！

① 當廚房用，內有火爐
② 當餐廳用，內有餐桌
③ 當寢室用，鋪睡墊

氈房通常有一道對開的木門，外面再加上一道門簾，門簾以蘆葦編成，上面再覆蓋一層毛氈布；晚上睡覺時會把木門關上、門簾放下，白天則開門並捲起門簾；至於天窗，晚上用毛氈布蓋著防寒，白天則用繩子輕輕一拉，把毛氈布拉開，陽光就會從天窗透進氈房中。

牧民的生活小片段

大嬸正在擠馬奶

大叔在處理從湖中抓來的魚，準備油炸

鹽 麵粉

battery, YOK！
我在哀嚎相機沒電，又不能把充電器插在馬的鼻孔上！

小朋友在盪鞦韆

從這裡倒水↓

monik 洗手台

tuvalet 廁所

當然,給觀光客住的氈房有做一些設備上的改進,氈房的空間較大,裝飾也比較漂亮,並在氈房外增設洗手台的設備(但需人工補水!),遠處還設了廁所(其實牧民通常都找隱蔽處解決!),不過,廁所離氈房很遠,半夜上廁所得帶手電筒,還得冒著踩到牛糞、馬糞的危險,如果廁所的設置是為防止上廁所時被別人看到,那麼在月黑風高的夜晚是不可能有人看見我的,所以晚上我通常在氈房附近找地方解決!

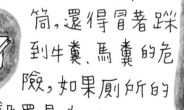

Kurut 乾酪球

因觀光客眾多,牧民搬了大型茶炊來煮茶!

煮水用 samor

226

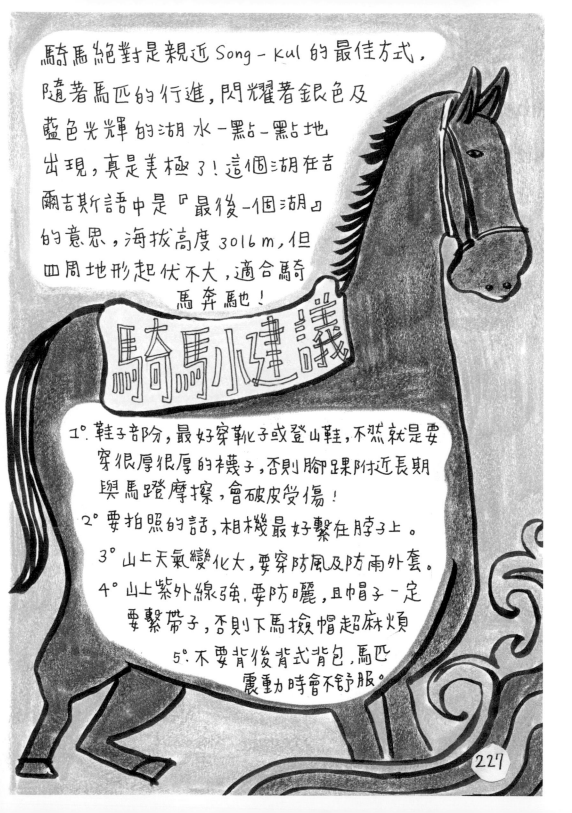

騎馬絕對是親近 Song-kul 的最佳方式，隨著馬匹的行進，閃耀著銀色及藍色光輝的湖水一點一點地出現，真是美極了！這個湖在吉爾吉斯語中是『最後一個湖』的意思，海拔高度 3016 m，但四周地形起伏不大，適合騎馬奔馳也！

騎馬小建議

1. 鞋子部分，最好穿靴子或登山鞋，不然就是要穿很厚很厚的襪子，否則腳踝附近長期與馬蹬摩擦，會破皮受傷！

2. 要拍照的話，相機最好繫在脖子上。

3. 山上天氣變化大，要穿防風及防雨外套。

4. 山上紫外線強，要防曬，且帽子一定要繫帶子，否則下馬撿帽超麻煩

5. 不要背後背式背包，馬匹震動時會不舒服。

8月21日（四）清晨，在氈房的微光中醒來

天色漸亮之際，陽光從氈房的縫隙中透進來⋯⋯

畜群的腳步聲、嚼著青草的聲音⋯⋯，大地甦醒了，
牧民們又展開一天忙碌的生活，我在微光中醒來，
掀開門簾，清晨的Song-kul薄霧輕掩，像一幅
淡墨山水畫。

8月22日(五) 參觀見羊毛氈工廠

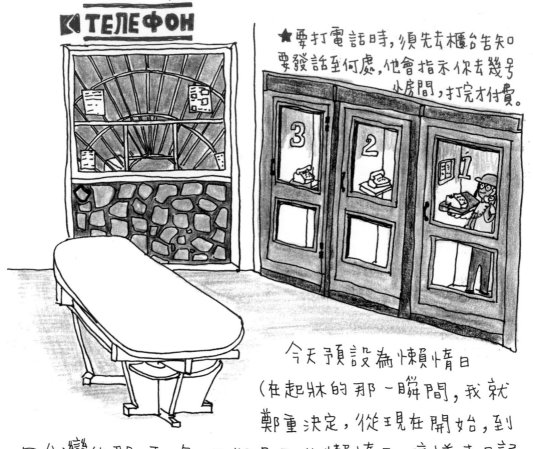

★要打電話時,須先去櫃台告知要發話至何處,他會指示你去幾号小房間,打完才付費。

今天預設為懶惰日
(在起牀的那一瞬間,我就鄭重決定,從現在開始,到回台灣的那一天,每一天都是我的懶惰日,這樣連日記也沒『梗』可以寫,我每天只要吃喝睡就好了!)
咳咳! 所以今天的重要事件是『打電話回 Bishkek 確認機位』,『打電話對當地人而言很容易,對我可是大問題,很奇怪,這裡的商店沒有提供打電話的服務,我只好去CBT借電話,但他們的行動電話網路剛好有問題,他們告訴我可以去電信局打! 我只好走路去電信局,那裡有一格一格的小房間讓人打電話,好多人都來打電話,我也假裝很有經驗地進去打。

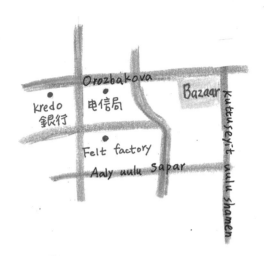

雖然列為懶情日，但我午睡起來還是出門，去了一趟 felt factory，不過因為已接近五點，所以我不抱任何希望可以看到什麼，但是當我看到它的門口停了豪華小巴士時，『登！登！登！』，那表示有旅行團來參觀，這樣一定會有示範如何製作 shyrdak 的『特別節目』，我急忙衝進去，哇哈哈！我真是走運，果然被我看到專門製作 shyrdak 的過程。(P.185及P.228地上鋪的就是 shyrdak)

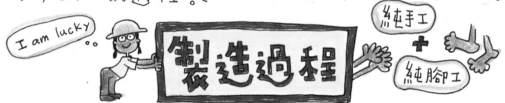

I am lucky

製造過程

純手工 + 純腳工

步驟 1。把羊毛清理乾淨

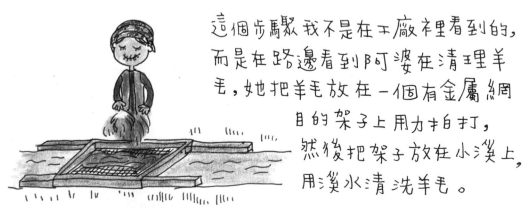

這個步驟我不是在工廠裡看到的，而是在路邊看到阿婆在清理羊毛，她把羊毛放在一個有金屬網目的架子上用力拍打，然後把架子放在小溪上，用溪水清洗羊毛。

步驟 2。染色（有些有染色，有些則保持原色，視
　　　　需求而定！）
　　　這個步驟,工廠沒示範,我們看到的是染
　　　好顏色的羊毛。

步驟 3。　並用肥皂搓揉　肥皂

(chiy)
把羊毛平金鋪在用蘆葦
編的簾子上,並澆上
熱水,上面再蓋上一層
布,然後把簾子捲得
像香腸似地,用繩子
捆綁！

步驟 4。

把捆得像香腸的簾子放
在地上,然後來回滾動,
用膝腳用力踩踏！這樣,
羊毛會因重壓而緊實成層。

步驟 5。　再用肥皂搓揉　肥皂

把"香腸"打開,然後
再加熱水,這時,羊毛
氈已定型成片狀了！接
下來的動作完全靠手！

步驟 6。

用手捲動簾子,來
回滾動,再加熱水,
再將簾子反覆來回
滾動,使羊毛氈壓得
更緊實,但手很容易燙
傷！

232

步驟7。   接下來在羊毛氈上繪製圖案，並裁剪下來，準備縫合，在裁剪過程中，沒有任何羊毛氈會被捨棄，工廠的人拿了兩塊布做例子，從紅色布上裁下的圖案可與另一黃色背景布搭配，而黃色圖案則與紅色背景布搭配縫合，如此做出的兩塊氈毯有『鏡射』效果！

步驟8。 縫合的針法是呈穗帶式的針法，一針一線都需無比的耐心，線的配色也很重要！

如此繁複的程序，方能成就一塊 shyrdak 羊毛氈毯，這是牧民帳棚中的生活必須品，而在吉爾吉斯一般民宅中也一定鋪有 shyrdak！

不過這間 felt factory 的東西是專門展示販賣給旅行團的，東西頗貴，此地另有 Altyn kol women's co-operative 組織，相關產品都有標示製造人的名字，並保證販賣所得會回到製作此件 shyrdak 的婦女手中；這個組織和 CBT（Community Based Tourism Association）一樣，希望把當地特色與觀光結合，為牧民創造其他收入，並減少環境及文化衝擊，我不知道真實性有多少？只希望自己在 CBT 花的錢，大部份真的到牧民手中。

8月23日 (六) 參觀牛羊市集

盐巴

各種品牌的 VODKA　　　　空杯子　　　　佐酒的蕃茄,有時.
　　　　　　　　　　　　　　　　　　　　　　是乾酪球,黃瓜等

　　因為去年 為了弄簽證的事情,我在首都 Bishkek 比斯
凱克窩了很久,那幾條大街幾乎快我被踩爛了,
加上對大城市興趣缺缺,所以我決定在 Kochkor
待久一點,在這兒,因為是個小地方,隨便要辦點
什麼東西,用雙腳就可以走得到,且民宿安靜又舒服。
到處都在賣酒,所有的小店,架子上 一字排開全是
伏特加 (VODKA)、櫃台上會有一排各品牌已經開瓶
的伏特加,一杯一杯地論杯計價,這個國家的
酗酒問題非常嚴重,一方面是天氣冷,他們喝酒
(特別是像伏特加這樣的烈酒) 禦寒,另一方面則是
因為經濟情況不好,借酒澆愁,而這兒的伊斯
蘭信仰並不那麼地嚴守戒律,喝酒也不是啥大不了
的事情!
　　烏茲別克人對吉爾吉斯人的歧見很深,這一路上,

不管是在烏兹別克或吉爾吉斯，大家都很愛翻我的日記。但吉爾吉斯人翻日記時，有關烏兹別克的部分總是翻很快，而烏兹別克人一聽到我要前往吉爾吉斯，總是極力想打消我的念頭。

Don't go to Kyrgyzstan. They are drunk and bad.

— No.... I don't think so.

Uzbekistan

Uzbekistan people..... We don't like them.

Kyrgyzstan

?????

—(embarrassed)

my journal

其實烏兹別克人和吉爾吉斯人都是熱情和善的好人，然而因為歷史仇恨的累積與彼此不了解，才有很深的歧見，世界上很多區域性問題，不都是這樣的嗎？

在市集裡看到一種成束紮好的乾燥花，婦女會把它放在鐵盒中點燃，使煙霧瀰漫，據說有益健康且可帶來好運，烏兹別克也有！

isirq

出門散步，看到有很多人趕著羊在路上走，我直覺地認為今天這裡一定有牛羊市集，我跟著人群，往同一個方向走去。

這裡每逢週六，在市中心附近的一塊大空地會有流動大市集（賣生活日用品）及牛羊馬等買賣的動物市集，附近村落的人都會來這裡購物，人潮可觀，對住在鄉下的人而言，這是難得的購物機會。

有的動物坐貨車來。（馬）

有的動物被人拉著來。（牛）

地上架了長長的鐵條，待價而沽的動物被繫在鐵條上。（羊）

買了羊之後，直接塞入後車廂！（驚）

民宿主人也買了一頭羊，立刻殺了煮來宴客，他們圍坐著大聲唱歌，一首接一首，歌聲真美、真快樂。

阿婆說：選毯子時，除了挑喜歡的顏色，還要比較厚度，愈厚的愈實在。

考慮了很久，我終於決定在離開 kochkor 之前，去買一張 shyrdak 羊毛氈毯回家。不過今天銀行關門，而我身上也沒有足夠的吉爾吉斯幣，不過與 Altyn kol women's co-operative 組織相關的商店願意讓我使用美金，於是我就很豪邁地買了一堆東西，其中包括一條有傳統圖騰的羊毛氈毯。

奇怪吔！為什麼很多阿婆都喜歡捏我的臉，連賣氈毯的阿婆也是！

在每一件羊毛氈工藝品的背面角落，有用別針別著一塊小布條，上面寫著製作者的名字，收入的大部份將交予製作者。（希望這是真的！）

237

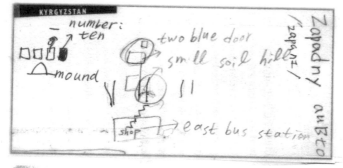

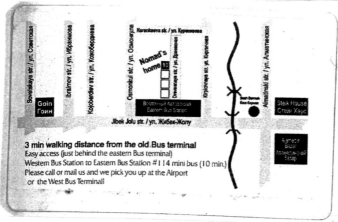

NOMAD's HOME

ADD: Drevesnaya Str. 10
Tel : (+996 312) 29-99-55
　　　(+996) 772 74-24-20
　　　　　(手机)
website: http:// nomadshome
　　　　·googlepages.com
e-mail : nomadshome@gmail.com
每人每日200som,(是dormitory形
式的大房間上下舖,衛浴公用)
関鍵字:Bostbchini (east之意)
　　　　Aubto　(bus之意)
　　　　Vokzal (terminal之意)
只要找到巴士西站,走路可到旅
館,但環境吵,蚊子多.克難指
　　數極高.(我算吃苦耐勞!)

在BishkeK的
背包旅館似
乎很容易客
滿,床位不多
的Sakura及
South guesthouse
根本一位難求,
我只好拿出一個
月前在撒馬爾
罕時,日本及韓
國背包客畫給
我的奇怪地圖,
去找一間位在巴士西站的背
包旅館,但我不喜歡那裡。
裡面擠了三十幾個背包客,
連庭院裡都搭了帳棚,
老闆很愛錢,(我一時疏
忽,加上英文溝通不良,他的
字彙不多,他竟要坑我450
的接送費用!住宿費也才
　200som而已!而且車程才
幾分鐘而已!)。

238

8月25日（日）畫下旅程的句點

我很慶幸這個旅館我只需住一天而已，我今天就要回家了（啦啦啦～），這裡好吵，蚊子好多，而且背包客們喝啤酒聊天到凌晨三點才散會，愛錢的老闆怕得罪顧客，根本不敢約束……，總而言之，我一整晚沒睡好！昨天晚上的坑錢事件讓我耐心潰堤，我真的受夠了這些人，包括每次都要敲外國人一筆的計程車司機，他們都覺得外國人就是有錢，搞得我每天都要諜對諜，大家都瘋了！

▲去年的手繪明信片，迷路了

▲今年的手繪明信片，一定要寄到！

吉爾吉斯很難找到明信片，我只好自己手繪，去年的手繪明信片迷路了，我決定搭慢吞吞的電動車到市中心的郵政總局去寄（應該比較保險吧！），順便再感受一下這城市濃濃的俄羅斯風情，再去把剩下的吉爾吉斯幣花掉……。

搭著叮叮噹噹的電軌車進市中心，這裡讓我感覺置身歐洲，我在街角灌下最後一杯 shoro 牌的 Jarma 飲料，用剩下的錢給 Peter 買了伏特加，又買了這個月來喝習慣了的紅茶，回到台灣時，當我喝著一杯茶，也許我會想起在這裡的一切，我並沒有依依不捨的感覺，因為很多事情，時間到了，就是離開的時候……。

我從比斯凱克搭機到塔什干，再轉往曼谷，然後台灣，在比斯凱克候機時，我的手機狂響，湧入好多通簡訊，原來今天有一架飛機在比斯凱克機場起飛不久就失事墜毀，我趕緊報了平安，在這樣充滿不確定性的國家旅行，任何人都會擔心吧！但世界上哪裡有絕對安全的地方呢？其實有時我們心裡想像的恐懼，往往大過真實的危險，中亞安全嗎？其實我也不確定，但我要謝謝這塊土地帶給我的回憶，再見了……。這一切。

Life&Leisure・優遊

中亞手繪旅行：烏茲別克・吉爾吉斯

2022年4月二版　　　　　　　　　　　　　　　定價：新臺幣480元

有著作權・翻印必究

Printed in Taiwan.

著　　　者	張　佩　瑜
叢書主編	林　芳　瑜
封面設計	張　佩　瑜

出　版　者	聯經出版事業股份有限公司	副總編輯	陳　逸　華
地　　　址	新北市汐止區大同路一段369號1樓	總編輯	涂　豐　恩
叢書主編電話	(02)86925588轉5318	總經理	陳　芝　宇
台北聯經書房	台北市新生南路三段94號	社　長	羅　國　俊
電　　　話	(02)23620308	發行人	林　載　爵
台中分公司	台中市北區崇德路一段198號		
暨門市電話	(04)22312023		
郵政劃撥帳戶	第0100559-3號		
郵撥電話	(02)23620308		
印　刷　者	文聯彩色製版印刷有限公司		
總　經　銷	聯合發行股份有限公司		
發　行　所	新北市新店區寶橋路235巷6弄6號2F		
電　　　話	(02)29178022		

行政院新聞局出版事業登記證局版臺業字第0130號

本書如有缺頁，破損，倒裝請寄回台北聯經書房更換。　ISBN　978-957-08-6272-0 (平裝)
聯經網址 http://www.linkingbooks.com.tw
電子信箱 e-mail:linking@udngroup.com

國家圖書館出版品預行編目資料

中亞手繪旅行：烏茲別克‧吉爾吉斯/張佩瑜‧文．
二版．新北市．聯經．2022.04．252面．16.5×21.5公分．
（Life＆Leisure‧優遊）
ISBN　978-957-08-6272-0（平裝）
[2022年4月二版]

1. CST：旅遊　2. CST：烏茲別克　3. CST：吉爾吉斯

734.59   111004302